FUTURE

FUTURE

九型心光密碼

The Enneagram Codes

從九型人格出發，進入九型圖量子域
突破習氣，直達內在神聖本我

美國九型人格學院台灣分部　創辦人

胡挹芬———著

掃描 QR code
下載普通版「九型心光密碼 App」

目　錄

作 者 序

跟隨光流，
我進入 ENNEAGRAM
九型圖的高維場域

「那鎏金變幻的幾何光影，是轉動我今生的願力之輪。」

E！Ha～

這是來自 Enneagram 九型圖場域的問候！也是開啟我「高維九型探索旅程」的一道美妙音頻。

2011 年的某次九型人格授課中，我正與學員們分享九型圖的神祕起源。從西元前三千年的基爾嘉美旭史詩[1]，聊到波斯帝國的拜火教[2]、新柏拉圖教派的諾斯替主義[3]……再從卡巴拉生命樹，聊到宇宙的三元性[4]、八度音階律[5]與人類自我圓滿的過程……。

探索九型圖的起源，始終能燃起我的無限熱情，讓我深深著迷！

　　正當我熱切分享著九型圖的古老傳說，突然間，我的內心出現一個美妙的音波：E！Ha～

　　這個短捷有力的音波打斷我的教學思緒，我整個人像通上電流般的一陣震麻，片刻的空白中又有一股嗡嗡的鳴響。我感覺自己停頓了好一會兒，回神後卻發現學員們似乎沒有人注意到我的異狀。我感受到的那個清晰且充實的片刻，或許是不到一秒鐘的短暫吧！由於我向來對未知的領域抱持開放的態度，因此也就沒有特別把這個經驗放在心裡。

　　然而，奇妙的事情就此展開。

　　從此我對九型的靈感源源不絕！就像收音機搜尋到有效頻道般的清晰明朗。也經常在身心安靜的時刻閉上眼睛，腦海裡出現鎏金變化的九型圖光影。那像是發光的萬花筒影像，複雜對稱的幾何光影不斷地流動變化，神聖莊嚴，卻又如夢似幻！甚至在某段時間裡，我剛從睡夢中醒來睜開眼睛的剎那，就瞥見房間的白色牆面上，出現美麗的連續幾何圖案！

　　一開始出現影像時，我並不想做神祕聯想，也去檢查了視力。由於眼睛的狀態正常，我也就逐漸安住，開始去欣賞每天呈現在眼前的美麗幻影。閉上眼睛後，不斷變化的幾何圖案依舊是流動的金色為主；而房間白牆上出現的重複性圖案，則是金色、寶藍色居多，圖案變化萬千，總是帶來許多驚喜。現在回想起來，這或許也是我從 2020 年底，開始手繪創作各式各樣「九型輪」的一個緣起吧！

　　之後，許多九型圖中隱藏或延伸的原理、數字的內涵，以及各組數字的交互作用等，總是很自然地從腦海中流洩而出，就像早已經烙印在我的意識之中。不論是教學題材的設計、對應的內容……只要是我想得出來的主題，相關的內容自然落筆，經常只在幾分鐘的時間內，就能完成一個新的九型觀點或是論述。

只是，我發現這些新的論述與資訊，有些顯然不僅僅是在討論九種人格類型，還有很多關於更深層意識的資訊。那麼這些資訊，應該如何融入既有的九型人格學中呢？

2018 年 3 月 19 日，我的疑問得到了解答！

◉ 即幻即真。
是累世意識的編織，也是走出業力迴圈的指引

2018 年 3 月 19 日午後，一個因緣讓我獲知了自己「最近的前世」。當我知曉時，「我的人生被偷了」的不甘剎時湧現。原來我此生是因為前世想解開九型圖奧祕的執念而來！

哈哈！心靈導師們的苦口婆心都是真的⋯⋯人不要執著，其實也不需要執著，因為生命是無限延伸的。所經歷的一切，也只是意識與業力交互編織下的概率呈現。會遇到的終究會遇到，該解開的自然會有解開的一天。

---

1. 現存最古老且完整的英雄史詩。源自蘇美人的傳說，是兩河流域的文學作品。
2. 又名祆教或拜火教。是伊斯蘭教誕生之前中東和西亞最具影響力的宗教，也曾是古代波斯帝國的國教。
3 或稱靈知派、靈智派。意即透過「靈知」（Gnosis，或譯「真知」）獲得知識。
4. 宇宙中小到最基本的能量組成單元，大到全景宇宙都遵循此三元分立又共存的原則。
5. 一種音程。宇宙的三元性和八度音階律遍及宇宙中的每件事物，在九型圖系統中則用來闡釋宇宙與人身之間的協調與整合。

　　大半人生都投入九型圖研究的我，感到有些氣惱地罷工了幾天。最後，念想一轉：**「讓這業力迴圈走完吧！或許今生就從獨樂樂到眾樂樂，開放我對於九型圖信息場的研究，讓相應的人來使用祂吧！」**

　　如果此生的「承接任務」就是要繼續研究九型圖，那就 let it be！

　　但是，我決心將意念聚焦在**「讓大家看見自己如何在習氣中轉圈圈；同時根據每個人的先天規畫，在九型圖上找出圓滿消融自我迴圈的路徑，有智慧地選擇想要活出的靈魂版本」**。

　　接著在 4 月底的三天裡，奇妙的事情又發生了。現在回想起來，或許與我當時的轉念有很大的關係……。

　　那三天中我經歷了幾次「自由書寫」，整個人被靈感衝擊洗盪。記得有一晚入睡前，突然感受到一股想寫東西的強大驅力，讓我不得不趕緊起床記錄（我無法說起床「書寫」，因為在過程中我根本來不及、也不需要使用頭腦）。

　　事情發生一週後，我望著書桌上記錄滿滿資料的紙本，仍然感覺相當的不真實。

　　自從在美國成為國際認證的九型人格教師開始，我始終強烈感覺九型圖應該有一套更大、更完整的系統，祂絕不僅僅是九種人格機制的探究。只是，我一直不知道從哪兒著手，只能不斷摸索、探究、嘗試。如今系統自己生出來了，我真的有種大大鬆一口氣的解脫感！我不禁想：「如果我前世的執念就是想解開九型圖的祕密，那麼這個心願是否已經完成了呢？」

⬢ 九型圖早已銘印在 DNA 裡，
時間到了自然解祕

　　時間繼續到 2019 年，九型能量密碼的資訊在短短的幾分鐘內，從我的腦海中冒了出來。我就像經歷了一場「腦內革命」，感覺腦袋中的某些區域暫時被打開了。我也開始體會到，當我對靈性有了新的領悟，就會進來一些相對應的資訊。所謂宇宙的「同步性」正是如此吧！

　　接著 2020 年初，九型輪──一種彩繪幾何圖形的創作靈感開始湧現。2020 年底，我嘗試以個人的九型能量密碼數字組合作為主結構，搭配各個數字在九型圖系統中的相關符號、顏色與對應脈輪等去做呈現，由此發展出九型輪系列創作。對我來說，手繪九型輪的過程真是賞心悅目又非常療癒紓壓！

　　這一切真的太好玩了！

　　九型圖充滿熱烈豐沛的能量，祂顯現了這麼多自我探索的路徑！

　　這些年來，我以九型圖的每日走勢與個人的九型信息光盤驗證周圍的人事物，得到的呼應常常讓我不得不讚嘆，宇宙中那股無懈可擊、神奇又完美的力量：造物者、神佛、源頭……都是祂的名字。但同時也讓我見到**那停不下來的業力之輪如何影響一切，而我們的習氣就是轉動業力之輪的最大動力！**

　　透過每個人的九型圖信息光盤，我們可以清楚看見自己的業力之輪，以及「如何順轉」、「如何中止」的諸多可行方法。而**要不要繼續業力的遊戲，是你我都可以選擇的。**

　　當然，在解讀九型圖信息時也會出現一開始無解，隔了一會兒或一段時日後才恍然大悟，讓我三不五時溫習一下什麼是「準備好了，答案自然出現」的神安排！呵呵！

　　所以我非常肯定，你會讀到這段文字，或是曾經接觸到我所教授的九型人格學，代表在你 DNA 裡的九型圖印記，也已經與高維九型場域連上線，準備啟動了！

● 保持願力與真誠，
隨順當下的全身心躍入九型圖信息場

　　這本書記錄了我從 2011 年到 2020 年所獲知的九型圖信息。主架構在 2018 年烙下，數年來累積的資訊則剛好為其內涵。面對這套來自高維的禮物，我一直抱持謹慎與正向的態度去驗證與詮釋。雖然充滿驚喜，但是我曾經只想私下授課分享，並未想要公開出書，畢竟我在傳統九型人格領域也已經耕耘二十多年，何苦因為這靈光裡的九型圖信息而招來爭議。所以，對於這份我與九型圖之間的特別連結，我只視為我自己的事，也是我自己的「識」。

　　但某日我的心中還是起了一個意念戲想：「若有出版社的因緣出現，我就試著寫出來！」結果幾日後就收到商周出版來信，邀請我推薦我的兩位九型導師——唐・理查德・里索（Don. Richard Riso）與拉斯・赫德森（Russ Hudson）的鉅作《九型人格全書》（*The Wisdom of the Enneagram*）。於是，這本關於我研究九型圖信息場的書，也就此展開了出版緣分……。

　　關於本書，我想以我自己對九型圖的體驗來告訴大家，**這裡確實有一個連通不同意識維度的隱形通道，可以讓我們與宇宙同步，探索關於自己的多維屬性。**同時，與九型圖的高維場域接軌，將帶來無窮的啟發與靈感，讓我們能夠在此次的人生旅行中，體驗到關於生命更多的深度

與維度。

　　最後，我非常感謝**九型圖**的幫忙，讓我能夠將巨量的資訊陸續整理出來。

　　此生能夠與祢再續前緣，是我的榮幸！

　　　　　　　　　　　　　　　　　　　　　　　　　　　　　揾芬

掃描 QR code，瞭解《九型心光密碼》最新資訊

導 讀

進入九型圖信息場的四座閘門

　　本書的創作與我以往的九型人格系列書籍大不相同。之前的六本九型人格學書籍[1]，乃探討九種人格心理與行為反應的學理與實務的統合，與這本書由靈感主導的創作過程是截然不同的。本書有九型專業的智性梳理，而那只是百分之五十的內容；另外百分之五十則是靈性書寫。當這兩個部分合而為一，成為這本書時，文字已經超越理性層次，是來自九型圖的更高意識。

　　這本書是一條穿梭不同維度意識層的隱形通道，也是進入神聖九型意識體的旅行指南，你更可以將本書視為與你內在的「神聖本我」對話和調頻的工具。所以，除了用頭腦理解本書的內容，**我更鼓勵你用心感受字裡行間的力量**，去覺察你在閱讀時的「感覺」，或是所產生的「情

感振動」。

　　因為，書中的文字只是一個載體，或者說是一個門戶，它能夠帶你進入九型圖的信息場域中，體驗到九型圖在不同維度的意識體、頻率波、能量漩渦……端看你與哪一種顯化方式最相應。又或許，你將以一種屬於你自己特有的管道與方式，理解本書中的九型圖，進而瞭解你自己、改變你看待世界的方式。

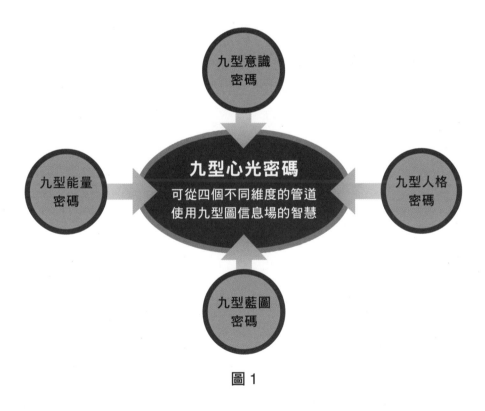

圖1

1. 六本九型書籍分別是：《九型人格學》、《九型人格心靈密碼學》、《改變你一生的九型人格》、《九型人格職場聖經》、《九型人格說愛情》、《孩子應該適性教》。

● 展開九型圖信息場之旅

　　我盡可能把過去幾年收獲的資訊做系統性的歸類，因為它們是九型圖在不同維度的顯現，為的就是要讓在不同維度的人們，以最適合目前自身的狀態，最有效率地使用九型圖。

　　每個人都是跨維度的存在，你的存在維度是隨著你當下的意識層次決定的；而意識層次則與你經常所處的情緒頻率有密切的關係。

　　比方說，恐懼、嫉妒、憤怒、貪婪、怠惰等情緒，科學界已經證明這些情緒的頻率較低，屬於低維的能量波；平靜、喜悅、勇氣、愛等情緒，則屬於高頻高維的能量波。當你經常處於某種情緒狀態，便會與該情緒產生共振，也會逐漸形成特定的人格特質。如果你大部分的時間都在與低維的情緒共振，那麼，人格特質就會僵化固著形成所謂的「人格陰暗面」，我習慣稱之為「封印」。而九型圖自我校準系統則會根據不同維度的需要，提供自我探索、自我成長與靈性提升的方向與方法。

　　我會建議你從第一部開始閱讀，先掌握自己的人格特質與最強封印，瞭解在這一期的生命中，你經常出現的情緒記憶有哪些、最大的心理侷限在哪裡、人生中屢次發生的重大事件，其實是何種業力模式在背後主導。

　　至於之後你要循序漸進地讀到第四部，或是想自行選擇欲閱讀的章節，可以在讀完第一部後自行決定。

● 第一部：九型人格密碼
──是你累世習氣與業力的組合

　　這部分就是大家目前所熟知的「九型人格學」，也是我研習將近三十年的領域。截至本書發行以前，全世界所有教授九型人格學的內容都在這個維度中。這裡我會透過九個真實個案的故事，帶你認識九種人格類型、心理機制與九大習氣模式。我懇切地希望你能夠仔細瞭解九大人格的核心特質，然後自我觀察與驗證，找到**你的主導人格類型（最強封印）**，**那是你的小我運作機制，也可以說是你的業力模式。**

　　在學院實體課程中我會使用「九型圖信息卡」與「九型探索卡」，以及學院高階測驗，幫助大家找到自己的主導人格類型。而在本書我則提供精要的測驗，包括文字、圖像等，希望讓你透過意識與潛意識的檢測，如照鏡子一般看見自己的多重面貌。你的主導人格類型（最強封印）是你進入高維九型圖信息場的門票，隨著你對內在小我的運作愈清楚敏銳，你能夠解讀到的九型圖信息就會愈豐富且多維度。

● 第二部：九型藍圖密碼
──是你此期的生命旅行指南

　　從這個部分開始，我們進入了高維的九型圖信息場域。這一生你為何而來，答案其實很簡單：「為了活出你的靈魂想要體驗的人生，同時提升靈魂的維度。」如何確實找出你靈魂的神聖渴望、瞭解祂想要的是什麼，以及如何幫助自己發揮天賦、擁有源源不絕的神聖力量，答案就在你的九型藍圖密碼之中！這也是九型圖揭露的第一波高維訊息！

　　本書提供「靈魂體驗主題」的查詢表，讓你瞭解在這次的生命週期中，你原先規畫體驗的是什麼？根據你的西元出生日期，可以在高維的九型圖信息場中，對照出當天的「生日九型光流」。**生日九型光流賦予你需要的潛質，讓你能夠盡情體驗你想體驗的，只是你的最強封印（主導人格類型）往往會壓抑或扭曲了這份潛質。**同時，你可以進一步透過免費普通版本「九型心光密碼 App」計算出「心靈導航」、「最強天賦」、「豐盛源頭」等，深入瞭解你此生的靈魂藍圖。

● 第三部：九型能量密碼
── 是你的靈魂基因資料庫

　　每個靈魂此次來到地球，其實早已經內建好四大基質群：身體、情感、心智與能量，那是你擅長或是熟悉的知識與生存技能，也是你累世一直攜帶的能量。就像是你靈魂的 DNA，蘊藏了你的多世體驗與珍視記憶的資料庫，也攜帶著你投胎前為自己預備的補給品。**把這四個錨點彼此相連，會形成如幾何結構的能量索，**再透過這些能量迴路，呈現出每個人在物質、情緒、思考與氣場各個不同層面的特有面貌。

　　正如草地上經常被人行走踩踏的路徑，會形成一條鮮明的軌跡，九型能量密碼所呈現的就是你的靈魂草地上最常被使用的「道路編號」，其間更隱藏著如何連結與建構這些道路的方法，創造完整快樂的靈魂草地！當你的身體、情感、心智與能量彼此融合，朝著同一個方向前進時，你必然能夠發揮此次生命週期的最大天賦！

● 第四部：九型意識密碼
──是你的高維智慧入口

　　量子科學的研究將物質世界追根究柢後，發現一切都是能量；而意識則是主導能量聚集或流向的關鍵之一。其實，意識是一個譜（spectrum），因為祂是很廣闊的，甚至是無可限量的，涵蓋了你我在生活中可以體會到的各種經驗，包括身體感官能夠捕捉到的事物，或是超越五官感知的精微波動，甚至內在的起心動念等也都是識的作用。

　　九型意識密碼展現的正是一個大意識光譜，就像是你的靈魂全息圖，可以將它看成是靈魂的「演出劇本」，讓你可以清楚看見在此期人生各個領域裡的自我設定與行為模式；同時領悟到你其實也可以「臨時修改所扮演的角色與想要的情節」，按照自己的新意願去體驗這一次的地球旅行。雖然你的人生是由你累世輸入的意識譜所建構的，但是**你目前抱持什麼樣的意識或是態度過日子，會決定你的存在品質**。

　　你可以重新選擇你想要的任何意識流。所謂「意識流」就是一種「生命態度」。當意識力量累積到一定的程度後，你絕對可以改變生命的狀態。而當你能夠進入更純粹的意識大流，並盡量停留在其中，那麼，你想體驗的一切就會更快地自然發生。

　　九型意識密碼可以解讀你是以哪些九型數字與意識流面對你的家人、愛情、人際……包括面對你自己與這個世界。由於九型意識密碼的計算方式繁複，目前我只在主題講座或諮商時使用。在本書中我會介紹九個意識區塊代表的意涵以及個案解說，提供給有興趣的讀者們參考。此外，我在專業付費版「九型心光密碼 App」中，提供「個人命定意識界」的查詢，那是每個人此生最需要去圓滿的人生領域，也可以說是你為自己人生安排的特別節目。

● 九型圖內數字與線條的力量

　　世上的數字學有幾十種，數字本身就是古老且具多維屬性的，它更是一種能量流。本書中關於數字的意涵是根據九型圖系統來定義的，與其他系統中的數字解釋不必一致。九型圖中的線條與迴路具有既定的方向性，各自代表不同的意義。所以，當你使用九型圖信息場時，就請按照九型圖系統的定義來解釋所遇到的數字與其組合。

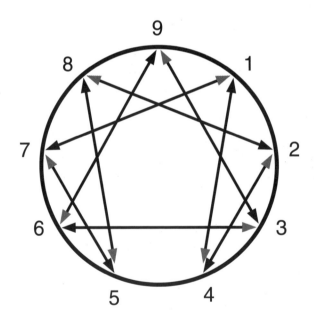

圖 2

● 當我們充分活出生而為人的美好，神性自然開啟

　　雖然九型圖信息場以極其玄妙的方式現身，但是祂傳達的訊息重點仍在於「人」：**如何在地球安住、如何提升內在維度、如何與身邊的人和諧共處、如何發揮這一期生命的最大力量，以及如何快樂地走完這次珍貴的人生旅程。**

　　從認識自己的人格特質開始，看見內在的二元對立：「什麼是我、什麼不是我」因為這是讓人對萬物產生分別心的原因，而分別心則是宇宙中衝突的源頭。所以，世上有無數道路要回到合一，人們透過各種修行法門想要體驗到「沒有你、沒有我」的無分別境地。

　　九型圖首先指出的就是造成人我對立的「分別心」：內在的種種設限、信念、習氣、慣性……九型圖讓你有線索可探循，隨時覺察到內心情緒與思想的變化，在舊有信念或是人格習氣發作之前，就能夠及時踩煞車，保持心的清明，不會做出習慣性反應。人格慣性就是小我的習氣，不僅讓你容易陷入懊惱後悔的輪迴中，周圍的人也會不小心被拉扯進來，在各自小我習氣的摩擦中產生煩惱，徒增彼此生命軌道的障礙。

　　再來，**九型圖信息場的第二個提醒，就是你在這一期生命究竟要體驗什麼？**你是否一直在抗拒？又或是你早已經走在預設的道路上，那麼你又該如何面對生命劇本的種種安排，以呼應預設的體驗？每個人的體驗主題不盡相同，意識與業力組合也都不一樣，自然有最適合自己的生命態度。而這些可以從每個人的九型藍圖密碼與九型能量密碼獲得深入的資訊。

　　最後，九型圖信息場再一次畫出重點，當你充分活出生而為人的美好，神性自然會開啟。九型意識密碼讓你一目了然自己在人生各個領域

中習慣扮演的角色，還有你給自己設下的阻礙，以及與內在高我接軌的道路。**想要達到合一，那就要在自己所創造出來的實相中去歷練、掌握並調和自己當下的身體、情感、心智與能量的反應**，然後，你自然就會知曉合一的祕密。

　　對我而言，九型圖不僅充滿高維智慧，更是一份美好人生的指南！我願意用這一期的生命去回應祂的召喚，同時滿懷喜悅與熱忱地分享給正連結上信息場的你～

　　☆☆ 向宇宙敞開，神奇地活著，明月清風走在這一期的人生。☆☆

第 一 部

九型人格密碼

是你累世習氣與業力的組合

01

The Enneagram 九型圖，來自宇宙的高維意識

● 進入量子九型，向內連結全頻的自己

　　Enneagram，原文起源於希臘文，發音為「ANY-a-gram」，ennea 代表數字「9」，grammos 意指「圖形」，原詞義是「由九個點構成的圖形」。而在我目前的認知裡，祂是一個充滿光的意識場域，在不同維度中投射出不同的形式與內涵。在此，我正式將祂稱為**「九型圖系統」**，主要是提醒大家，Enneagram 談的不僅僅是九種人格機制，祂還包含了更多的高維智慧！正如量子力學領域中的「觀察者效應」[1]所揭示：「你的心念影響你所看到的實相。」所以，**你所在的意識維度，絕對會影響你對九型圖的認知與使用重點。**

　　關於 The Enneagram 的起源，雖然不少人認為是來自中東古老的蘇

菲派智慧，但我所師承的「美國九型人格學院」（The Enneagram Insti-
tute），早已經提出應該將九型圖符號與九種人格類型分開探究[2]。

　　Enneagram 九型圖符號本身流傳已久，時間可以追溯至兩千五百年
前，甚至更早。而偏重在深層心理意識探討的九種原罪與恐懼，其發展
源頭則有可能來自西元四世紀，或是更早。目前廣泛被使用在各種人生
領域與人際關係中的「九型人格學」，也是我過去近三十年浸淫鑽研的
範疇，是上述各個研究領域近幾十年來相融相合的成果。

　　然而，隨著本書的問世，我們已經進入量子版的九型圖場域，能夠
**對內在的心念與意識流做更全面的理解、使用、再解構及再重組，幫助
我們超越生而為人的特質與限制，趨向合一。**

　　除了在物質世界中我們應該要認識的九種人格機制，讓我們釐清在
習慣二元對立的小我中，容易產生的糾結與潛意識裡的信念制約；九
型圖系統更揭露了來自高維的靈性訊息，包括我們的靈性源頭、來到地
球前為自己設定的體驗主題、認清我們在人生各個領域中習慣扮演的角
色，以及如何走出角色、圓滿消融累世的習氣迴圈。期許在離開地球前，
我們能夠一窺全然的意識，並且讓靈魂的維度往上提升。

　　在我們所存在的宇宙中，所有的宗教系統，或是近年來許多高靈傳
訊系統，都給了我們無數的提示，那就是在人類能夠看到的有限空間之
外，其實還有更多、更高的維度層次，只是我們以肉眼看不見罷了，但
現今科學已經逐漸在證實那些不同維度的「空間」的確存在著。

1.《覺醒練習》（*Reality Unveiled*）——p.20，紀亞德·瑪斯里（Ziad Masri）著，楓書坊。
2.《九型人格全書》——p.30，唐·理查德·里索／拉斯·赫德森著，商周出版。

　　當一個人開始靈性修習，轉入自己的內在，到了一定程度的時候，內在的高維系統就會開啟。有的人說得到聖啟，有的人認為這是與自己的高靈連結。總歸來說，就是他開始感受到、領悟到很多在日常現實的三維空間中感受不到的訊息。而每個人對於自己所感知到的訊息描述也都不一樣。畢竟，所有的感知其實也是意識的投射，每個人的意識組成當然是不盡相同的，也才因此會形成不同的人格結構。但重點是，愈來愈多人能夠感知到，在我們的六感之外，還存在著另一個、甚至更多個場域，而我們只能偶然的、在靈光乍現的片刻瞥見某個如幻卻又真實存在的現場。

　　因此，要介紹九型圖如何在三維的物質世界中，顯化成為一門自我探索與人格分類的工具之前，讓我們先來簡單理解「多維度」的概念。

　　如果你目前對維度或次元的概念沒有太大興趣或是覺得有點難懂，可以先跳過本章，進入第二章去瞭解人格習氣與業力之間的關係，或是直接跳到第三章做人格密碼的測驗。略過談多維九型的本章節，並不妨礙你閱讀本書的其他內容，雖然，我還是鼓勵你耐著性子讀完這個章節，為「**理解不同維度的九型圖**」做好前行準備。

● 宇宙從無限向下包含至一點，
也從一點往上融入於無限

　　我這裡用「向上」與「向下」的說法，只是方便大家在想像中建構多層次的維度空間，以及理解不同維度之間是透過由上往下投影而產生關係；同時，在下方的維度其實也包含了在上方維度內的一切訊息。

正如古代煉金術的宇宙觀：「如其在上，如其在下」（As above, so be-low）也有相通的意涵。所以，高維度與低維度的差異主要是狀態的不同，至於哪個維度比較好，那是個人的主觀分別了。如果你有興趣探究多維空間系統的解釋，建議你去閱讀「心能緣平台」發起人——劉豐老師的相關影音文字作品[3]。

　　整個宇宙是由多維空間組成的。所謂多維空間系統，是從零維到N維（N趨於無窮大）所構成。「維」是獨立的空間變量，零維是一個質點，一維是由點構成的直線，二維則是由直線構成的平面，到了三維則由平面構成立體空間。我們生活的地球就是一個三維空間，有三個空間變量：前後、上下、左右。而四維則是由三維加上時間這個變量，成為了複數空間的組合。

　　以此類推上去，到了N維（N趨於無窮大）時，可以想見整個宇宙有無窮多倍的維度、與無窮多倍維度之間的關係，以及其間穿流的無窮多訊息量。而這些**無窮多的訊息由不同時代的人類所擷取，構成特有的系統，寫成文字流傳下來**。所有的系統都在揭露宇宙的智慧，只是以不同的樣貌呈現罷了，至於如何解讀這些來自高維的宇宙智慧，其實也和解讀者的意識維度有關。

　　比方說，當一個人被困在某一個樓層找不到出口時，站在比他高一層樓的人往下俯瞰，就能夠很清楚看到出口在哪裡——這就是所在的「高度」（可理解成維度）不同。所以，我們常說要有智慧地處理問題，其實也就是提昇自己看事情的高度。

---

3. 《開啟你的高維智慧》——p.3，劉豐著，中國青年出版社。

　　九型圖系統從高維投影到三次元維度，由前人整理成方便三次元維度的人類意識能夠解讀的資訊——即我們已經使用了幾十年的「九型人格學」。而九型圖系統投影在其他次元維度的部分，則根據我在特殊時刻的意識維度所能夠理解的範疇，於本書之後的章節和大家分享。**每個次元維度中的九型圖系統雖然有自己獨一無二的面貌形式，但是本質上是彼此相通相合的。**

● 九型人格學是九型圖在三次元維度的顯化，　也是喚醒靈魂的首部曲

　　在瞭解了整個宇宙是由多維度所組成的邏輯後，為了方便解說九型圖在不同的時空條件下呈現的各種狀態，我採用「次元」的概念來輔助說明。在本書中我提到的三、四、五……甚至到十「次元」，是採取自兩位學者的觀點，一位是哈佛大學物理學教授麗莎‧藍道爾（Lisa Randall）[4]；另一位是次元研究學者芭芭拉‧克洛（Barbara Clow）[5]。在本書之後的第二部到第四部中提到的各個次元，也皆是以兩位學者的次元理論來定義。

　　其實不論是次元還是維度，都只是個名詞，甚至這兩個名詞指的可以是同一件事。主要都是在幫助大家瞭解，我們目前由感官所能夠體驗到的世界，我們所看到的、聽到的、聞到的、嚐到的、**觸摸到的**其實非常有限，甚至連意識到的也只侷限於我們的意識記憶庫。宇宙其實無限寬廣，充滿了無限可能，我們也是。因為我們與整個宇宙、整個法界都是一體的。

每一個物體在不同的維度裡，或者說不同的次元中，都會有屬於該層次的「顯化」，而這個顯化取決於解讀者的心識。即你抱持什麼樣的態度或是眼光，就會看到相對等的回應。也就是所謂**「我們所能感知到的世界是我們內在意識的投射」**。簡單說，如果你想進入光的次元，那麼，你就得讓自己保持在光的意識中；你希望與愛的次元共振，那就先讓自己活在愛的頻率裡。

因為生命總是會如實反應我們內心的樣貌。一個人的內心若是經常懷著傷痛感，那麼，他的注意力就容易聚焦在那些會引起傷痛的事件上，久而久之，他會被傷痛的情緒籠罩，整個人的所思所想將披上一層淡淡的惆悵或是悲傷。而一旦傷痛感固著下來成為他的生命態度，根據宇宙「同頻相吸」的法則，世界上具有傷痛頻率的人事物就會自然被吸引而來。同樣的，假使一個人內心有明確的夢想，而且抱持正面的期盼，當期盼的熱度累積到一定的程度後，就會轉化成行動力，推動他每天朝夢想前進，時刻都活在「趨近夢想」的頻率當中。

人類目前所處的是一個線性時空次元，芭芭拉・克洛將之定義為「第三次元」，是物質領域與非物質領域交會的地帶。

所以生而為人，必定有著物質界求生存的本能慾望，同時也有想超越物質、追求非物質般存在的渴求。在三次元人類如此的集體意識投射下，自然將九型圖系統顯化成**「九型人格學」：一方面幫助我們處理好人際關係以獲得世俗成就；一方面幫助我們探索自我以獲得靈性成長。**

---

4. 代表作品：*Warped Passages : Unraveling the Mysteries of the Universe's Hidden Dimensions*。

5. 參考《九次元煉金術》（*The Alchemy of Nine Dimensions*）──芭芭拉・克洛／格里・克洛（Barbara Clow & Gerry Clow）著，一中心。

所以，九型人格學是三次元的意識個體進入九型圖系統的入門，更是喚醒靈魂的首部曲。

我們投胎在三次元成為小嬰兒呱呱墜地，那是我們的靈魂對內在意識、對這副軀殼擁有絕對掌控權的階段。靈魂會如實反應祂所感知到的一切，甚至能夠接收到其他次元的訊息。小嬰兒最為純淨，他們能夠感受到大人感受不到的事情，包括萬物的光。諸如此類的說法相信你並不陌生，或許你也親身經歷過。然而，在成長過程中，我們不斷地接收、被灌輸來自父母、學校、社會的教條與信念，或是親身遭遇的痛苦經驗等等，讓靈魂不得不隱身起來，因為我們不被鼓勵成為靈魂想要的樣子；因為如果我們堅持做自己，那會讓周圍的大人痛苦，甚至讓自己痛苦。

為了讓大人滿意、為了保護自己不再受傷、為了融入社會方便過日子，每個人會**隨順意識中的習氣種子，發展出不同的人格機制**。那是戴給別人看的面具、是讓自己不再受傷的保護牆、是被各種信念制約的小我。小我和思想手牽手去處理應付外在的一切。慢慢的，思想只認同小我，以為小我就是這個軀殼的主人；而小我認同軀殼，以為身體是唯一的財產，因為小我不知道還有靈魂、更不知道有高維意識的存在。

於是，九型圖系統在三次元自然應機顯化成為一套幫助大家認識自己、進而靈性覺醒的工具。祂從外顯的人格特質帶我們往內檢視人格背後的核心習氣。隨著 2020 年地球開始揚升與重設，**九型圖系統的高維場域也開始與地球上的我們共振**，這代表著將會有愈來愈多的朋友能夠接收、解讀與運用高維版本的九型圖，正如兩千五百年前的畢達哥拉斯（Pythagoras）一樣。

● 九型圖本身是一個宇宙，所有的知識都包含其中。

——「Enneagram 之父」葛吉夫（Gurdjieff）

談到高維版九型圖信息的最早期收訊使者，除了我們稍後會介紹的、兩千五百年前的畢達哥拉斯外，第二位就是被尊為「Enneagram 之父」的喬治·伊凡諾維奇·葛吉夫（George Ivanovich Gurdjieff）了。出生於 1875 年左右的葛吉夫，是希臘亞美尼亞裔人，也是將九型圖系統引入現代世界的第一人。

葛吉夫對神祕知識非常感興趣，他堅信古人早已經發展出一套關於人性與自我提升的完整科學，只可惜因不明原因而失傳了。所以，他早年很積極地想整合他所探尋到的古老智慧。他和他的「真相追求者」（Seekers After Truth, SAT）團隊曾經造訪過各大古文明歷史區域，包括：埃及、阿富汗、希臘、波斯、印度和西藏，他們甚至待在寺廟或是偏遠的教堂，以學習與古代智慧傳統相關的一切知識系統。

就在葛吉夫旅行到現今阿富汗的邊境區域時，他發現了九型圖！並且深深相信這就是他一直在尋找的答案。他如獲至寶地返回歐洲開始著手整理他的教學系統。就在第一次世界大戰爆發前，他開始在聖彼得堡與莫斯科教學，很快就吸引了各地對身心靈感興趣的追隨者。

葛吉夫的教學目的是要幫助學生**理解個人在宇宙中的位置，以及這期生命的目標**。他的教育題材包含了心理學、靈性探究和宇宙學，內容包羅萬象、廣度及深度兼具，但是對當時的一般民眾來說或許會感到深奧難懂。因此葛吉夫會嚴格挑選學生，他們必須具備某種程度的自我修行，與願意探索宇宙無限可能的胸懷。

　　宇宙法則中的「如其在上，如其在下」是葛吉夫核心思想之一。他認為這個法則說明了：所有宇宙的規律或模式可以在原子中發現，或是在任何其他依據某種法則而完整存在的現象中發現[6]。葛吉夫更相信，同樣的法則也適用在人與宇宙的類比，即「人為小宇宙，萬有為大宇宙」。當人研究宇宙現象與法則時，其實就是在研究自己；而研究自己時，也同時研究了宇宙。只是，身為人的我們，研究自己比研究外在現象要來得更容易觸及與掌握。因此葛吉夫主張，當人在致力瞭解宇宙知識之前，更要緊的是先研究自己，瞭解自身的運作規律與模式。

　　然而，葛吉夫並未以九型圖詮釋人格特質，而是用來帶出「萬事萬物並非靜止不動」的宇宙真理。他曾經說：

　　「每個完整的整體、每個宇宙、每個有機體，每棵植物都是一個九型圖。在有機體中，這內部三角形根據『氫』的等級，代表較高元素的存在……九型圖是永久的運行，這個永久的運行是人類亙古以來一直在追尋卻無法獲得的東西。為什麼找不到永久運行？很明顯的原因在於，他們向外尋找存在於自身的東西……。」

　　「當然，要懂得如何閱讀圖形是必要的。瞭解這象徵並有能力運用祂，將帶給人很大的力量。祂是永久運行的，同時也是煉金術士的哲學家之石。……想要徹底瞭解九型圖，你必須把祂看成是屬於恆動的狀態。一個不會動的九型圖是死的象徵。」

　　葛吉夫以高維的角度來使用九型圖，也或許是九型圖的高維信息被他接收到。他曾說，九型圖是他的哲學中最關鍵、最重要的符號模組。他甚至主張，一個人唯有真正理解九型圖的內在意涵，才能夠徹底明白一切事物的運作；也就是說，只要能夠清楚地**將過程中的每一個元素放**

置在九型圖上最適切的位置，就能夠看清楚整件事中各個元素相互間的連動與因果關係。

所以，談到九型圖信息場的高維應用，在遙遠的時代有畢達哥拉斯的幾何學與數學探究，近代則從葛吉夫就已經展開，決非我個人的創新，我也只是擔任傳訊者的角色罷了。而1950年代初期的奧斯卡‧依察諾（Oscar Ichazo）將九型圖用來詮釋九種人格類型，也是九型圖的多維度應用之一！

接下來，就讓我們把時間移往兩千五百年前，一窺畢達哥拉斯筆記中的高維版九型圖吧！

● 既有人，又有神，也還有像畢達哥拉斯這樣的生物。

——畢達哥拉斯

西元前六世紀誕生在古希臘的薩摩斯島，畢達哥拉斯在歷史傳說中是介於人與神之間、猶如神話一般存在的人物。天才如他，贏得後世眾多尊稱，如「數學之父」、「幾何學之父」以及「音樂之父」。

畢達哥拉斯是古希臘著名的數學家，同時也是影響深遠的哲學思想家。「數是萬物的本質」與「數字支配宇宙」是他最早提出的哲學概念。

---

6. 參考《探索奇蹟》（*IN SEARCH OF THE MIRACULOUS*）——鄔斯賓斯基（P. D. Ouspensky）著，方智。

同時，他也是一位音樂理論家，首先揭示數學與音樂之間的神祕關係。他認為音樂之美是由數的諧和決定的，因為美與諧和是理想的數的關係。

此外，畢達哥拉斯對宇宙天體也有著極大的成就，他不僅是古代天文學的開拓者，更建立了影響整個西方乃至世界的「畢達哥拉斯學派」。雖然他的教學奧義至今仍無人能稍解，但現代物理學家在講解弦論時，往往會引述畢達哥拉斯的思想。因為超弦理論派試圖統一量子場論和廣義相對論，主張各種粒子都是極其微小的弦，不同的粒子對應於弦的不同振動頻率，猶如對應不同的音階。

畢達哥拉斯認為數字具有形而上的意義，萬事萬物背後的真理可以被揭露，皆是數字法則在起作用。不論物質世界還是精神世界，都離不開數字。他發明了一門藝術兼科學的術具，稱為「占數術」（Numerology，中文有人譯之為「生命靈數」），藉由數字來詮釋人生的意義。畢達哥拉斯發現，人的一生是有規律可循的，並且和宇宙有著直接的共振關係，從與我們切身相關的數字，例如出生日期，加以解讀便可以明瞭我們性格的優缺點、與生俱來的天賦以及應該學習的課題。

為了幫助世人能夠發掘自己的人生課題以過上美好的人生，畢達哥拉斯在西西里創立了一所神祕學院，他的學生必須花上至少五年的時間學習數學和占數術，而且期間須維持靜默。同時，學生要能夠接受輪迴之說並且保持齋戒。此外，畢達哥拉斯也特別重視身體、心靈和環境互動下的養生之道。總體來說，畢達哥拉斯的教學哲理與佛教、道教，以及其他的東方學派相近。

而就在畢達哥拉斯那滿載數字群、幾何圖，以及靈性詮釋的古老筆記本中，有一張手繪草圖記載了聖十三角形（Pythagorean tetractys），就此揭露了九型圖的高維起源！

● 如果你依循光啟之路，
聖十將向你揭露宇宙之謎！

畢達哥拉斯的「聖十」（圖3）和「生命之花」（Flower of Life）一樣，都屬於神聖幾何圖形[7]，也都被神祕學研究者認定與創世過程有關。雖然普遍認為聖十是畢達哥拉斯發現、繪製的，但是也有研究者主張這個圖樣其實可以回溯到古印度，甚至有人猜測時間應該更早。但是不論如何，畢達哥拉斯得到聖十的啟發，不僅參透宇宙的力量和創生過程，更從聖十擷取音樂與色彩的理論。

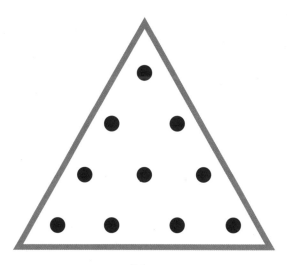

圖3

---

7. 關於神聖幾何可參考《生命之花的靈性法則》（*The Ancient Secret of the Flower of Life*）——德隆瓦洛・默基瑟德（Drunvalo Melchizedek）著，方智。

　　古代知名學者泰昂（Theon of Smyrna，70 ～ 135）主張，聖十的十個點代表神的十句話，也就是基督徒所認定的十誡（Words of God）。然而對希伯來人而言，聖十的十個點則意涵了卡巴拉生命之樹上的十個圓質。如果你熟悉埃及或印度等古文化，你會發現聖十的數字密碼也呼應著印度「九蛇環繞梵天」的神話與埃及九柱神系統，還有猶太神祕哲學之九天使團環繞隱形神的傳說。

　　根據神祕學的傳統，**如果一個人依循著光啟之路前行，回應心中的神聖呼喚，那麼聖十就會在適當的時候向他揭露宇宙的祕密！**很顯然的，畢達哥拉斯就是其中一位。循著天啟，畢達哥拉斯發現了蘊含音階的比例數字：四比一（雙八度音）、四比三（第四個八度音）、三比二（第五個八度音）和二比一（八度音）。這些比例數字正是掌管創生過程的和聲。畢達哥拉斯曾說他親耳聽過從天體發出的音樂，他也會用一種神祕的方法，使自己沉浸在宇宙的諧和音樂之中。而畢達哥拉斯學派中最崇高但卻最不為人知的理論便是「行星和聲」（Sidereal harmonics）。

　　那麼，這個能夠揭露宇宙祕密的「聖十結構」（Tetractys）究竟來自哪個高維次元？與數字九、甚至九型圖之間又有什麼祕意呢？破解的關鍵線索可推敲自一向被視為外星神祕傳導的麥田圈符號，以及次元研究學者芭芭拉‧克洛的研究心得。

　　1991 年，英國巴伯利城堡（Barbury Castle）附近的麥田圈出現了各式幾何圖形的符號，芭芭拉‧克洛驚喜地從該次的麥田圈符號中，驗證自己多年來對於一至九多次元的研究心得 [8]。

　　1977 年，全長長達一千英尺、狀似聖十結構的麥田圈符號出現在英國劍橋附近的艾可頓（Ickleton）！那是一個三角形上分布了十個等距離的點，而這些點的內部也形成一個柏拉圖正多面體。麥田圈研究者西爾瓦（Silva）分析這座麥田圈的主體，以及它凹陷、交織、突起的四面體

時，看出這個麥田圈展現了「畢達哥拉斯的聖十結構」[9]。

　　正如前面所提到的，古代知名學者泰昂主張聖十結構表達出「上帝十誡」，當芭芭拉‧克洛將聖十結構對照到她的次元研究時，完美展現出人類的身體如何接收與轉化意識的九個次元，讓她更堅信人類的身體就是聖十或上帝十誡的載體，而聖十結構則是來自九次元或是更高維的領域。[10]

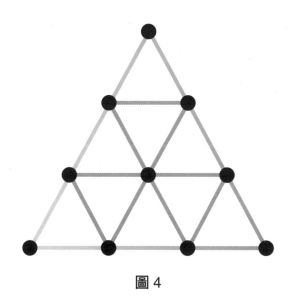

圖4

8.《九次元煉金術》──p.362，芭芭拉‧克洛／格里‧克洛著，一中心。

9. 參考《麥田圈密碼》（*Secrets in the Fields*）──p.203，西爾瓦著，遠流。

10.《九次元煉金術》──P.375～376，芭芭拉‧克洛／格里‧克洛著，一中心。

　　此外，如果你把聖十的端點連接起來（圖4），你會得到九個正三角形。因此，不論從三角形和聖十都可以看出「九」是數字循環的極限。九包含三個聖三，是三的最高表現，也代表任何努力的最高成就。或許這也是古埃及人將月神透特（Thoth）視為「三倍聖神」的原因，也是基督教以九角星象徵聖靈之星的原因。

　　數字九在世界各個古文明中都有著崇高且不朽的地位，許多文化中都有不少表徵證明「九」的力量。例如：中國的數分陰陽，陽數中最高便是「九」；傳說中的神仙住在九重天上；人間帝王稱為「九五之尊」。又如祈禱結束時所說的「阿門」（Amen），用文字代碼學換算，得到的數字也是九。另外，神祇也和九關連密切：天神奧丁（Odin）獲得智慧之前，曾在世界之樹躲了九天；豐饒神迪米特（Demeter）手上拿著九支麥穗；埃及造物神涅特魯共有九位。這些古代文明顯然很清楚數字九的神聖性，現代科學也已經發現人類精子裡有九條平行纖維；胚胎的孕育期需要九個月……。

　　至此，隱蘊在聖十結構裡的九型圖已經呼之欲出了。就讓我暫時保留這個答案，你已然掌握重大線索，請在你的至高維意識中與九型圖心領神會吧！

02

每個人都是
自己累世資訊的呈現

🌐 我們生活的一切都受到過去記憶的制約

　　這裡我用「累世資訊」這個名詞，主要是想表達，我們的性格都是種種習氣慣性的疊加後，所產生的外在表現。不論你是否相信前世今生，應該都不會反對這個觀點：**我們的性格是思維、情緒、感受等，經過長時間交互影響累積下的產物**。只是這個「長時間」可能是這一期生命的累積，也可能是好幾期生命經驗的累加，甚至，有些性格特質是烙印在遺傳基因裡，一代一代傳遞下去。

　　讀到這裡，有些讀者可能已經發現「時間」這個關鍵字了。是的，如果我們能夠跳出「時間」所帶來的過去、現在、未來的制約，不再帶著個人主觀意識去解讀一切，讓心保持在「歸零」的狀態，那麼，不僅

可以切斷性格裡的習氣，更可以不受「時間線」的限制，取用、發揮性格帶來的才能！這個部分我會在「九型意識密碼」中介紹更多。

　　我們所認為的「個性」，九大人格類型也好、十二星座也行，總之就是我們的行為特點、人格特質、習慣傾向……這些都是習氣，都是過去經驗的記憶。正如貓看到老鼠就想追、狗看到球就要咬回來。

　　習氣（Vasanas），這個詞彙的意思是「氣味」。今天的冰箱裡有什麼種類的食物，打開冰箱門，那個氣味保證撲鼻而來，整個冰箱就散發著那種氣味。同樣的，**你最近散發出哪一種氣味，自然會吸引特定種類的人事物來接近你**，所以古人云「氣味相投」。而如果你經常接近某種氣味，便會被那種氣味「薰習」，這就是「近朱者赤」。甚至，如果你身上的氣味已經揮之不去，也許你根本已經習以為常、絲毫沒有覺察到自己原來有那樣的氣味，表示你已經成為某種氣味的一部分了！透過這個比喻，那個「氣味」就是你的習氣、你的性格慣性、人格類型，它會不斷為你的生命帶來相同的經驗迴圈。所以說：**性格決定命運；在靈性層面上的詮釋則是：業能決定你的命運。**

　　那麼，業（Karma）是什麼？印度聖哲薩古魯 （Sadhguru）[11] 這麼定義：

　　「『Karma』是一個古字，字義是行為（Action），行為有身體、頭腦和能量三種。不論你用身體、頭腦或能量從事什麼行為，都會留下特定的殘留物。這個殘留物形成它自己的模式，而這些模式會跟隨著你。當你累積了大量的記憶印象之後，這些印象就慢慢地自行形塑為某種傾向，而你就會變成一個自動化的玩具、你的模式的奴隸，以及你的過去的傀儡。」

根據薩古魯的觀點，你之所以是你，僅僅是因為你所攜帶的業力記憶。但業力從不是問題，也不可怕，真正麻煩的是人們總是習慣向業力認同。一旦我們的頭腦認同了什麼，我們就會將「自己」與「所認同的」畫上等號。生活中的每一個瞬間，我們的五感都不斷向外在的訊息之海捕捉資訊，向外尋找認同的標的物。

例如，當你走在馬路上，看見一輛跑車呼嘯而過，心裡羨慕了一下，想著開名牌跑車的人生應該很不錯！自己卻連摩托車都還買不起，不禁有點氣餒。接著，你聞到車輛的廢氣，忍不住咳了兩聲，想起家族有肺部遺傳疾病，自己是不是也有肺不好的基因……一不小心你被石階絆倒，跌在堅硬的柏油路上，跌倒時又咬到嘴唇，嚐到鹹鹹的血液滋味，心裡一陣倒楣感由然而生……。

這次在馬路上的每一個印象，都會被你記錄下來。這些被儲存在「業力資料庫」的資訊並沒有好與不好，它可以幫助你下次走在街上時小心階梯，也讓你確認了血液是鹹的沒錯……但是，如果你過分執著在這次經驗裡所產生的資訊（例如：沒有名牌跑車的失落、家族肺部遺傳疾病的擔憂……），或是將這次的經驗貼上「倒楣」的標籤，那麼你很可能就會對「走在馬路上」產生心理陰影，之後就會盡量避免這個行為，久而久之甚至變成一種下意識的反應：「不知道為什麼，我就是不喜歡走在馬路上！」

---

11. 薩古魯・賈吉・瓦殊戴夫（Sadhguru Jaggi Vasudeva，1957～）是一位瑜伽大師、作家，也是「Isha瑜伽」以及「Isha基金會」的創始人。為印度百大影響力人物、世界知名靈性導師。

相反的，如果有一個人走在同樣的馬路上，卻發生了天大的好運（好運與否也是個人的主觀認定），他的「業力資料庫」裡很可能就寫著：「走在馬路上真是一件美好的事！」更可能的是，以後的他變得非常喜歡走在馬路上，卻忘了自己為什麼會有這樣的喜好反應……。

試想在我們這一期的生命中，已經累積了多少諸如此類的事件與資訊？如果把生命的期限拉長，三世、五世……甚至更長，每個人的業力資料庫都是滿滿滿！

所以，業力資料庫可以為我們所用，只要我們有足夠的覺知：**「我是誰」不等於「我的業力資料庫」**！知道自己所思所想所行的背後究竟是習氣驅使，還是出於清明的自由意志。人類的煩惱與痛苦，都是來自這個習氣業力的產物——「小我」，也可以說就是性格。所以，九型圖在三次元順應著人類意識的需要而顯化出的九型人格，正是幫助大家看見自我習氣、保持覺知，甚至可能拿來當做跳出業力迴圈的工具。

● 九型圖是打開業力資料庫的鑰匙

業力資料庫的梵文名字是「Akasha」（阿卡莎）。阿卡莎在不同的思想派別中有不同的定義與詮釋。古希臘哲學家亞里斯多德（Aristotle）曾經形容它為天空、空間與元素，也從神祕學角度認為其與宇宙最基本的乙太（Ether）物質有關。簡言之，阿卡莎代表了以非物質存在層面編碼的神祕知識。如果你對佛法比較有親切感，那麼你可以從「唯識學」的角度去理解阿卡莎。

儲存在阿卡莎資料庫的資訊鉅細靡遺，且龐大到超乎人類心智的想像！自有宇宙以來的每一聲、光、動作、甚至大到全球的集體意識、

小到個人剎那間的心念流轉，都被完整記錄在相對應的阿卡莎意識層次中，而且永遠不會被刪除。阿卡莎就像是一台宇宙照相機，又或是一片無限感應板，能自動感應一切足跡或印象而予以記載。

　　你也可以把阿卡莎想像成是某種記帳本，它持續記錄著你的一切，也就是你在這期生命中已經擁有、與即將有可能體驗到的生命項目。為何我說「有可能」而不是「必然會」，因為我始終相信，人可以拿回清淨意志做出有智慧的選擇，進而改變原本的命中注定。如果我們願意與「小我」保持距離，選擇與高維意識對齊，也就是保持「澄澈的心」，並跳出人格習氣的擺弄，如此，即使在業力之輪推促下所出現的人生戲碼無法大幅修改，但是演出的規模大小與過程中的緣起緣滅，期間業力一定會有所轉化，進而產生如蝴蝶效應一般的連鎖反應，新的能量模式也將應運而生！在阿卡莎中存下你想要的資料與種子。

　　至此，或許你對於業力輪迴之說存有疑慮，我也懇切地提醒，不妨抱持著開放的態度閱讀眼前的訊息。仔細想想，你是不是有一些天生就比別人擅長的事情呢？再者，你有沒有對某些人事物有種說不出所以然的喜好、厭惡、恐懼，或是熟悉感呢？你有沒有曾經在兩種職業生涯中難以抉擇？又或是某種情況與挑戰一直不斷出現在你的生命當中？以上這些情況的答案，其實都可以在阿卡莎資料庫裡找到！我相信，你會讀到這本書，就意味著你的阿卡莎資料庫中，與九型圖有關連的種子已然成熟！

　　打開阿卡莎的方式很多，有人透過直覺引導、有人透過催眠、也有人在夢境中自行探索雲端的記憶庫；而九型圖也是其中的一條路徑。除了可以經由自我驗證找到人格封印外，現在大家還可以透過出生日期與時辰，提取出個人的九型圖資料檔案。

　　我相信，只要提到阿卡莎，大家馬上就會聯想到前世今生。其實，

當我們超越了「時間」這個限制，不以線性時間排出先後順序，那麼，所有的生命期數都在此刻發生！所有的人生現場此刻都在你自己裡面！而此刻之所以如此重要，是因為每一個「此刻」都是我們能夠覆寫、或是新存資料到記憶庫裡的珍貴剎那！所以，阿卡莎資料庫可貴的地方在於，它揭露了一個大實相：**我們要追尋的答案與道路，一直都在我們裡面，我們只需要「憶起」，看見那被習氣業力遮蔽的真我**。我們要將無數個生命旅程中的「自己」全部找回來、整合起來。

　　目前我整理出來的九型圖路徑並非著重在前世的人生故事，而是專注在新意識流迴路的建立。要達到這個目的，必然得先瞭解自己舊有的習氣結構，進一步跳脫出既有的業力迴圈。所以，除了透過人格測驗與自我驗證的方式獲知自己的**靈魂最強封印（九型人格密碼）**外，還可以透過**「九型心光密碼」**的特殊計算方式，探查出個人此期生命的**業力座標群（九型藍圖密碼）、習氣迴路組合（九型能量密碼）**以及**意識流動地圖（九型意識密碼）**。

　　對我來說，九型圖是一個幫助我們破除習氣的工具，一把開啟阿卡莎資料庫的鑰匙。祂更像是一面鏡子，將每個人的阿卡莎記錄以九型圖的幾何結構與數字座標呈現出來。如果你想解讀自己的九型全息圖，那麼你就得先進入九型圖信息場。正如你若想透過星宿認識自己，也必須進入星宿的系統。你的中心是你的意識本體，靜靜發散著特定的能量；當意識有所變化時便會產生對應的能量流動。透過九型圖投影映照出你的狀態：包括持續累積的意識層，以及其能量是如何分布與流動。

● 九型人格密碼是習氣與業力的組合

你認同什麼，你就是什麼。「小我」——性格，你的九型人格主導類型，就是一個虛幻的身分認同感，偏偏人類習慣了根據這個虛幻的自我主觀地闡釋世界、用它來思考人生、與他人互動……甚至緊抱著這個小我，堅信「這才是我」。

當我們揭開阿卡莎資料庫的祕密時，大家應該就能夠理解，**性格只是一種業、一種驅動、一種衝動**，就像猴子沒事總是忍不住東抓抓、西撓撓，那就是一種無明、一種因為沒有覺知力而做的無意識行為。人格機制會讓我們陷入這種無意識行為而不自覺。這倒不是說人格機制不好，因為它至少能夠讓我們不必再去花腦筋面對日常的例行任務，不必每次都得重新學習如何從討厭的場合找理由離開、如何避免人際傷害……但是若我們失去了覺知，進入人格機制的慣性反應，卻誤以為自己是清明理智的，那麼，我們就會被人格機制帶走，小我便成為主人。

記得我在大學時代主修廣告心理學的第一條心法就是：「消費者買的不是那個產品，而是買一個『身分認同的強化品』。」如果我想要推銷人們並不真正需要的東西，就得從他們的「想要」下手。那人們會想要什麼呢？很簡單，人們會想要幫他們的「小我」加分！人們會想買那些能夠讓他們對自己、或是讓別人對他們的感覺更好的相關產品，也就是擁有了這些產品後，能夠讓他們更符合對自己的「期望」。比方說，一個新產品找了某位名人代言，那麼，人們買了這個產品之後，經由意識心理的神奇化學作用，覺得自己也會變得像那位名人一樣。

然而，每個人認同的東西或是價值是因人而異的，除了年齡、性別、教育程度、社經地位、職業取向等因素外，還有一個很重要的原因就是人格心理。我在前面提過，性格是無意識下累積的，甚至會產生強迫性

的驅力，這就是小我心智運作的基本方式之一。

　　為了讓習慣二元分別的人類，有跡可尋地覺察到小我與自己的習氣業力，九型圖應機顯化出九型人格理論，讓我們根據自己經常出現的行為慣性與人格特質，分類比較後找到比例最重的主導人格類型，藉此找出躲在自己行為背後的主導情緒驅力。在傳統的九型人格理論中，稱這種情緒驅力為「原罪」（Passion）。**九種人格類型代表著九種情緒驅力，也就是九種原罪驅力。那是九種習氣慣性，形成九種業力模式。**

　　下一章，我將提供數個人格測驗，幫助你釐清自己的主導情緒驅力，希望藉此找到你可能的主導人格類型；同時，透過九個真實個案的故事，帶你認識九型圖中的業力密碼！

03
找到你的九型人格密碼
與業力模式

⬢ 人格是想法與情緒的循環結果

在這個章節裡，我想先從現代心理學的層面介紹九種人格類型與情緒之間的關係；然後再以累世習氣的角度討論九型圖與九種人格機制。如此安排是想讓讀者們能夠從不同的角度認識九型圖系統，找到適合自己進入九型圖領域的道路。

談到人格是如何形成的，以現代心理學的角度，有三個考量點：1. 先天氣質；2. 父母遺傳；3. 成長環境與經驗。

首先，「先天氣質」就是「老天安排的部分」，是與生俱來的。其次，「父母遺傳」則是 DNA，也可以看成是來自祖先們的「家族印記」。以上兩者是「出生時就帶在身上的」。至於「成長環境與經驗」，雖然

也受到了整體人類的「集體潛意識」影響，但總體來看，比較傾向是一種後天的養成。

然而，無論是來自先天的特質或是後天的「被養成」，那些都不是你的本質，都是外力加諸在你身上的。因此，人格其實是可以「再被塑造的」。當你不再緊抓著「我是這樣……我不是那樣……」時，**人格就可以重塑，只要你願意改變你的意識（心態）。**

談到改變意識，就得先瞭解意識如何影響人格的形成，那麼就讓我們非常簡單地談談大腦的作用吧！

每當有一個想法從你的腦海裡浮出，腦中就會產生一個相對應的生化反應，釋放特定的化學信號給身體。當身體從大腦接收到這些化學信號後，會立刻執行命令，啟動某個對應的特定反應。而當你在腦海中把念頭一遍又一遍地重播，甚至想像到每一個細微環節，這時候身體便會開始準備要獲得真實的體驗。

等到你非常熟悉某一個想法時，你已經不用一遍又一遍地想像，因為身體早就準備好進入「接收模式」，甚至記住了那個熟悉的想法所造成的熟悉結果。

最容易瞭解的例子就是「望梅止渴」。你的意識深深記住了吃酸梅時的身體反應——流口水，所以，只要一想到酸梅，根本不用刻意想像酸梅的細節，甚至不用實際吃到酸梅，你的口腔早已因為大腦與身體的連動記憶分泌出唾液。

再進一步的例子就是「近朱者赤，近墨者黑」。如果你經常接收消極負面的資訊，久而久之，你就容易從消極負面的角度思考事情，大腦的認知甚至會窄化到只擷取、看見負面的事情，自動排擠忽略掉正面的資訊。

當你熟悉了某種特定的心理情緒狀態、思維邏輯與感覺方式，那些

就會成為你「自我認同」的一部分。**「我脾氣不好，因為我沒什麼耐性！」**、**「我要先付出才值得被愛！」**、**「我其實很沒自信，一緊張就腦袋一片空白！」**、**「我很孤單，因為懂我的人不多！」**等。而這些特定的「自我認同」，就形成了「人格特質」。接著經過多年來的固定想法，讓你經常用同樣的方式去感覺、思考，人格機制就會愈來愈強大堅固，個人認同與個性就完全成型了。

如果從科學角度觀察，人格是想法與情緒不斷循環、互相強化、日積月累的結果。因此，想要掌握一個人的人格機制與決策模式，想瞭解他被哪些信念所制約，或是想要進行自我身心的成長，都可以從瞭解個人經常出現的情緒、動機，與經常使用的思維模式著手。

同樣的，如果想知道一個人容易被哪些情緒綁架，就需要找到他慣用的人格機制，也就是我在前面章節所提到過的小我（人格意識）。傳統的九型人格學正是這個領域的強大工具。

⬤ 製作你的「九型情緒雷達表」

　　我在這裡提供四個九型人格的簡易題測，幫助大家探究自己經常出現的情緒有哪些，**藉此認識你的主要情緒背後是哪些人格機制在運作，**以及在機制背後隱藏的人格制約是什麼。目標是希望透過你對自我情緒的探索與認識，反覆自我驗證，最終找出你的九型人格密碼，也就是你的主導人格類型，你此生最強的靈魂封印。

準備材料

- 如圖 5 的表格一張
- 不同顏色的筆

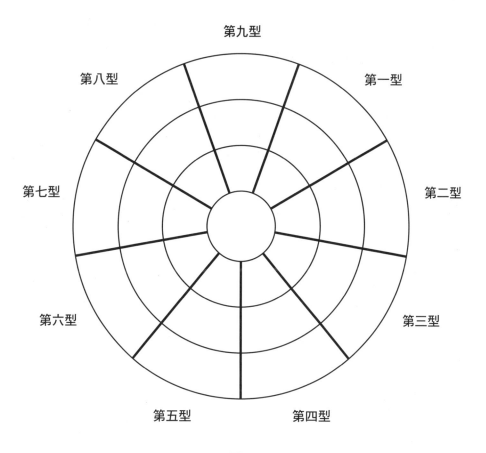

圖5

【題測一　里索／赫德森九型人格・快速分類測驗】

（一）題測內容 [12]

為了保證測驗結果正確，受測者必須仔細閱讀並遵循以下事項：

● 在以下兩組的陳述中，分別找出一段最符合你平時態度與行為的說法。

● 你不必完全同意選項中的字字句句，只要認同特定段落中百分之八十至九十的描述即可。然而，你要認同的是其基調及整體的「意涵」或「感覺」。你可能不同意該段中的某些說法，但不要因為一個字或一個詞就否定了全部！再次強調，要看整體情況。

● 不要過度分析你的選擇。你要選的是直覺上「就是它了！」的選項，就算你不是百分百同意其內容，你對該段整體的感覺比單一因素還重要。跟著直覺走吧！

● 如果你仍舊無法決定該段中的哪項描述最適合你，**你也可以在同一組中選兩個**，例如：第一組中的 C，第二組中的 X 和 Y。

● 最後，圈出你所選的該組字母。

【第一組】

A 我相當獨立和堅定。我認為唯有直接面對挑戰，生命才能發揮最佳表現。我為自己訂定目標、努力去做，並且達成心願。我不喜歡無所事事，我想要有大成就、發揮影響力。我不會自找衝突，但也不會任人擺佈。大多時候我知道自己想要什麼，然後會努力追求。我總是努力工作，盡情玩樂。

B 我傾向保持安靜、習慣獨處。我通常不太引人注意，很少大力堅持自己的觀點，也不習慣採取主導或爭強好勝。許多人可能會說我是個

愛做夢的人，往往都在想像世界中覺得興奮。我相當容易感到滿足，不認為自己需要保持活躍狀態。

C 我非常負責且盡心盡力。如果沒有履行承諾、達成他人期待，我會覺得很糟糕。我希望別人知道，我一直都在，而且我所做的都是對他們最好的事情。我經常為了別人犧牲自己，無論他人知道與否。我對自己也不夠好，我會把該做的事情先做好，有時間才會休息（然後才去做真正想做的事情）。

【第二組】

X 我會保持正面思考，相信事情會朝最好的方向發展。我通常會找到自己感興趣的事情，用各種方式保持充實。我喜歡跟大家在一起，幫助他人快樂──我喜歡與他人分享自己的快樂（我不是時刻都處於正面狀態，但不開心時我也會努力不讓他人看出來！）；然而，保持正面態度有時候意味著，我已經很久沒有處理自己的問題了。

Y 我的情感強烈，大部分的人都能看出來我因為某事不高興。我對人的防禦心很重，但我如果假裝沒事，反而會更敏感。我想知道該如何與別人相處、可以信任誰──而大多數人都知道該怎麼和我相處。當我對某事不高興時，我希望他人能有所回應，並且動起來跟我一起努力。我知道規則，但我不想要別人告訴我該做什麼，我要為自己做決定。

Z 我的自制力強，做事有邏輯，但不擅長處理情緒。我的效率很高，甚至有些完美主義，更喜歡自己單獨工作。如果出現問題或衝突時，我

12.《九型人格全書》──唐‧理查德‧里索／拉斯‧赫德森著，商周出版。

會避免帶入個人情緒。有人說我太冷靜或太超然，但是我只是不想讓情緒分散注意力，導致忽視真正重要的事情。當他人「接近我」時，我通常不會表現出情緒反應。

（二）測驗答案

你所選擇的兩個字母將會構成一組兩位代碼。舉例來說，選擇第一組的 C 段與第二組的 Y 段，所產生的兩位代碼即為 CY。

代碼	類型	類型名稱及主要特質
AX	第七型	鬼才型：樂觀、有才、容易衝動
AY	第八型	指揮型：自信、有決斷力、盛氣凌人
AZ	第三型	社交型：適應力強、有抱負、注重個人形象
BX	第九型	溫和型：包容、可靠、自得其樂
BY	第四型	多感型：直覺強、有美感、自我陶醉
BZ	第五型	觀察型：感覺敏銳、創新性強、不帶情感
CX	第二型	服務型：關心他人、慷慨、佔有欲強
CY	第六型	矛盾型：投入、負責任、防禦心重
CZ	第一型	正確主義型：理性、有原則、自制力強

（三）填入「九型情緒雷達表」

將你測得的類型結果數字填入圖的中心圓圈內。

例子：CY ＝第六型（如圖 5-1）。

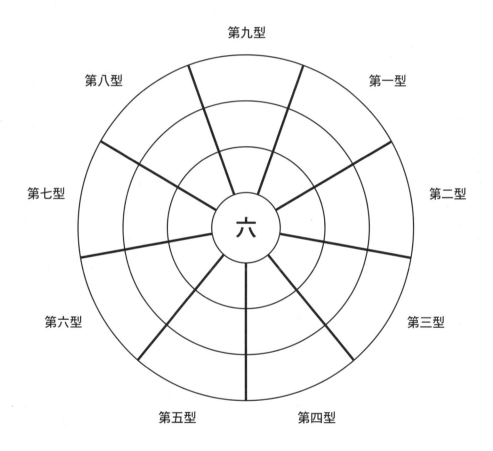

圖 5-1

【題測二　胡挹芬——九型人格‧潛意識圖形測驗】

（一）題測內容
　　下列九個圖案若為你的信用卡造型，哪一種風格與你的自我感覺最相近？

（圖片來源：Shutterstock）

（二）測驗答案
　　從左至右，上排為一～四；下排為五～九。

（三）填入「九型情緒雷達表」
　　將你測得的類型結果繪入圖中次於中心圓圈的外圈內。

　　例子：測得的類型結果是「第四型」（如圖 5-2）。

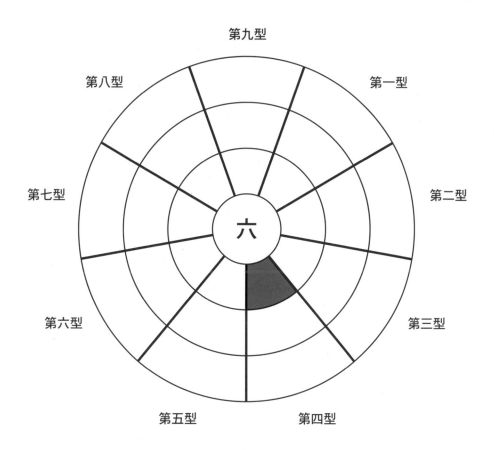

圖 5-2

I

習慣性先不發作，會自我要求冷靜並繼續觀察對方反應。也可能忍到某一天一次爆發。一旦對某人不爽，你可能會變得比較冷淡，甚至與對方冷戰。

下列哪個敘述最像你？

不喜歡亂無章法。堅持用正確的方法做事。看到不對的事情，就忍不住糾正。很討厭做錯事或道德有瑕疵。

a

或是

不喜歡默默無聞。樂於努力工作以賺取相對的報酬，強調有效率與成功者的形象。很討厭比輸人家。

b

或是

不喜歡依賴他人。熱衷心智思考，善觀察並有收集特定事物的習慣。對自我空間特別在意，很討厭被臨時打擾。

c

II

習慣性認為「有什麼問題都可以解決！」比較樂觀隨和的你不喜歡爭吵，也不認為人與人之間有什麼過不去的事情。就算對某人不爽，你會先避免當場衝突。

下列哪個敘述最像你？

不喜歡冷清。善良、樂於助人，有時卻熱心過頭，過度干涉別人生活。喜歡和朋友聚會。很怕被別人拒絕或排斥。

d

或是

不喜歡受限制。容易衝動行事，勇於嘗試新鮮事物。多彩多姿的新活動是生活動力的來源。很討厭無聊。

e

或是

不喜歡衝突緊張。有時太過順應他人而顯得缺乏主見。嚮往與世無爭的生活，很抗拒改變。

f

III

習慣性讓情緒主導，堅持要把事情說清楚，常常將情況弄僵。只有當情緒發洩後，你才能夠慢慢恢復理智。只要對某人不爽，大家一定都能「感受」到你的怒氣！

下列哪個敘述最像你？

不喜歡太突出。凡事想很多，希望有充分的應變準備。容易過度悲觀，心意搖擺不定。很擔心沒人可依靠。

g

或是

不喜歡軟弱無能。很有主見與意志力，喜歡路見不平，有時卻太獨斷固執，過度想掌控局面。很討厭被別人管。

h

或是

不喜歡沒有個人特色。努力透過美的事物來表達自己，浪漫且情緒多變，不切實際的期待。很討厭被拋棄或被誤會。

i

【題測三　胡挹芬——九型人格‧兩題題測】

（一）題測內容

請看左頁，當你遇到不愉快的事情，你的反應通常是 I、II 或 III（三擇一）？

（二）測驗答案

a　第一型　正確主義型

b　第三型　社交型

c　第五型　觀察型

d　第二型　服務型

e　第七型　鬼才型

f　第九型　溫和型

g　第六型　矛盾型

h　第八型　指揮型

i　第四型　多感型

（三）填入「九型情緒雷達表」

將你測得的類型結果繪入圖中由內往外數的第三圈內。

例子：測驗結果得到第九型（如圖 5-3）。

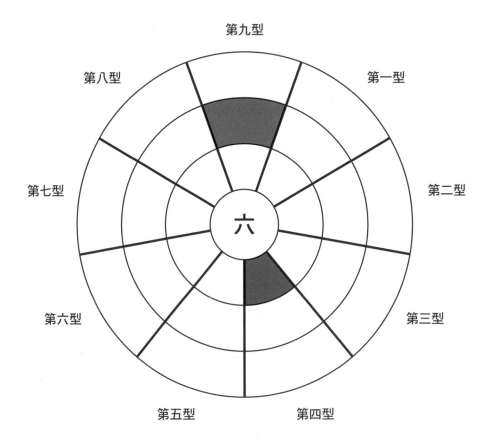

圖 5-3

【題測四　胡氏九型人格九句題測】

（一）題測內容

為了提高測驗的有效度，請受測者仔細閱讀並遵循以下事項：

● 每個人都是綜合體，九種心態難免都會偶爾出現；這裡要找的是經常出現的那一個主導人格。

● 請選擇「比較像我」或是「我常常以這個考量做出選擇與行動」的句子。

● 若難以抉擇，可憑直覺回答，只要大方向符合即可。

從以下九句中，找出最接近你平日考量與採取行動的依據。

1	很多人的自我要求都不高……我相當重視自律與原則、道德感與個人操守。
2	沒有我的幫忙，你們怎麼辦……我經常關注別人的需要與感受。
3	這社會只尊重有成就的人，所以我不能失敗……我一定要成功！
4	要找到瞭解我的人不容易。人應該要忠於自我感覺，我也經常探究自己的感受。
5	這個問題我需要時間來好好思考……很多人都不用大腦、不去觀察。
6	誰知道會發生什麼事……不怕一萬，只怕萬一……。
7	生命就要浪費在美好的事物上，一擲千金也 ok ！我喜歡把行程塞滿、到處探索！
8	現實是殘酷的，只有自己最靠得住！生存是我最在意的事。
9	我都可以，你們覺得好就好……很多事想也沒用，船到橋頭自然直囉！

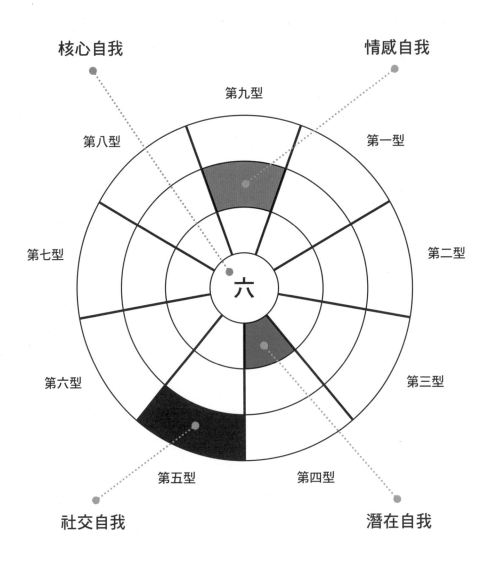

核心自我　　　　　情感自我

第九型

第八型　　　　　　第一型

第七型　　　　　　第二型

六

第六型　　　　　　第三型

第五型　　　　第四型

社交自我　　　　　潛在自我

圖 5-4

（二）測驗答案

選擇 1，是第一型；選擇 2，是第二型；以此類推。

（三）填入「九型情緒雷達表」

將你測得的類型結果繪入圖中最外圍的圓圈內。

例子：選擇 5 ＝第五型（如圖 5-4）。

◉ 九大情緒黑洞對應九種人格制約

做完前述的四個測驗，你應該得到一張「九型情緒雷達表」。當然，你有可能因為難以抉擇而做了複選，得到更多的著色區塊。這沒有關係，你只要掌握這張圖的核心意涵：它代表「**現階段的你所能夠感知到的**」，**你內在經常出現的幾種人格類型。**

而在核心數字與三個著色區塊**指向的數種人格類型中，可能包含了你的主導人格類型，取決於你在答題時對自我覺察的掌握程度。**但是，無論是否正確指向你的主導人格類型，這幾種人格類型對目前的你都有著指標性的意義。它們反映出**你目前對自我最能感知到的部分，**包括你的**核心自我**（雷達表中心的核心數字）、你的**潛在自我**（紅色）、你的**情感自我**（藍色），以及你的**社交自我**（黑色）。

在我教授九型人格學近三十年的經驗中，初學者最常遇到難題就是**「老師，我不確定自己是哪一型？！」、「我好像每一型都有一點⋯⋯」、「我今天是這一型，明天又變成另一型！」、「年輕時候的我比較內向，出社會後比較外向，感覺就是兩個不同的人呀！」**⋯⋯其實，每個人都

是「多重人格」類型！簡單說，每個人的內在都有這九大人格類型，只是比重不同。而你的主導人格類型正是被你經常使用的那一個。至於你會呈現出該人格類型的陽光面還是壓力面，這就與個人本身心理力的正負向度有關係。

　　大部分的人都有整合多重人格的能力，讓自己可以在不同的情境下，選擇適當的人格機制自我保護。若你想要更進一步的自我提升，平時就要多多練習人格覺察的能力，進行人格力的管理與開發，那麼你不僅會打開前所未有的天賦潛能，更可以真正地體驗到什麼是從容悠遊的人生！

　　接下來，你可以在下列每一型的陳述中，找到你的「九型情緒雷達表」對應人格類型解析。想要找到主導的人格類型，需要更多的自我覺察，與對每一種人格類型的全面認識。

【第一型／正確主義型】

- ● 經常出現的情緒陷阱：憤怒；恨鐵不成鋼的心情；求好心切
- ● 人格制約產生的心理驅力：害怕做得「不好」；害怕自己有缺陷；變得邪惡、墮落
- ● 內心經常播放的小我訊息：「只要你做正確的事，你就安全了！」
- ● 不自主的慣性行為：追求完美、自律、批判。總是想證明自己才是對的
- ● 破解人格制約的關鍵：學習獎勵自己

　　這是一個渴望表現良好、活得高尚而正直的心理狀態。表現在外的特質是務實又充滿行動力、為了成為有用之人而自律努力，但是也容易

變得過於嚴苛且刻板。做事希望完美無誤的第一型人會堅守原則、期望自己能夠保持理性、公平、客觀的立場，甚至願意犧牲小我以謀求更大的眾人福利。只是求好心切下誘發出愛批評的人格習氣，經常讓身邊的人覺得被百般挑剔因而影響人際和諧。即使如此，第一型人也不會輕易與他們認為不夠好或不正確的狀況妥協。

■▶【第一型是這個樣子】——聆靈老師

為原則而生的第一型人。

有一次，阿仁去看醫生的時候，醫生跟他說因為他的膝蓋比較無力，需要好好鍛鍊腿部肌肉，所以他開始一週游泳三次，風雨不輟，醫生非常讚賞他的行為，所以他就做得更勤了，又加上每週三次的瑜伽。有一天上瑜伽課時，一位很養生同學跟他說，用某種姿勢拉筋可以放鬆腿部肌肉，他也覺得還蠻舒服的，於是一天做三次，結果最後腳痛到看醫生，醫生說因為太認真運動，反而受傷了！

這位阿仁就是我爸，非常認真勤勞的第一型，對於原則要求很高，習慣遵守規則，如果受到別人的讚賞認同，會更認真遵守。

第一型人的能量發揮到極致，就會成為某一個領域的典範，如果你發現某位朋友在某個領域中孜孜不倦地努力，毫不鬆懈和放棄，貫徹始終，直到成為佼佼者，那這位朋友是第一型人的機率很高。

當然，第一型人除了要求自己以外，也會要求別人，所以

在他身邊的人就會感受到他的苦口婆心，只要某些事情沒達到他的標準，就會被碎碎唸和驅使，直到完成他的標準為止，因此第一型人和他身邊的人都蠻辛苦的。

大家可以學習第一型人認真的態度、對事情的完美要求程度；而第一型人要學習適可而止，要求過高反而適得其反喔！

【第二型／服務型】

- 經常出現的情緒陷阱：驕傲；我不入地獄誰入地獄；以愛之名
- 人格制約產生的心理驅力：害怕不為人所愛，不為人所需要；不想孤單一人
- 內心經常播放的小我訊息：「只要有人愛你、彼此關係密切良好，你就安全了！」
- 不自主的慣性行為：付出、取悅、佔有。總是想證明自己是有愛心的
- 破解人格制約的關鍵：學習傾聽自己

這是一個渴望被愛，注重人際關係，想要介入對方生活的心理狀態。表現在外的特質是主動示好、大方體貼、付出自己，但是也容易因為沒有得到預期的回饋而積怨煩惱。很怕被別人認為自私的第二型人，希望自己是非常有愛心且富同情心的；他們擅長看見別人的需要，卻忽略了自己其實也有想要被滿足的部分。注重人際關係的第二型人很能夠設身處地為他人著想、關心他人的需要。陽光的第二型人更如天使一般地奉

愛：「只要是好事就應該去做；不論是誰得到好處，只要有人受惠就好！」

■▶【第二型是這個樣子】──Astred 老師

「第二型是個熱心、友善的人，有困難開口找他幫忙準沒錯！」、「犧牲自己照亮別人就是第二型的行動準則，根本是團體中的小天使！」

以上是大多九型書對第二型人的描述。

或許有人發現，身邊的第二型人並沒有想像中的友善、熱心、人緣佳，不禁懷疑自己的判斷是否正確呢？同時又想起書中一再強調，受到後天環境及各種因素影響，人的性格不可能100％符合書上的描述。該如何理解「不會 100％符合書中描述」這句話呢？或許可以從找尋行為下的核心動機開始，試著發現答案。

第二型人沒有想像中的熱心？可能是因為他們熱心付出的對象是「特別的人」，如伴侶、上司等。第二型人沒有想像中的廣結善緣？可能他的健康度不佳，嚴重的人際衝突使他無法維持穩定的關係。不過稍微仔細回想，就會聞出其中不和諧的味道。即使沒有想像中的熱心，第二型人也極少與人一翻兩瞪眼，較傾向使用迂迴戰術化干戈為玉帛；即使沒有想像中的與人廣結善緣，對陌生人的態度也比常人更有親和力。人的行為都有動機，第二型人熱心服務的動機是想當好人、想「被人喜愛」，服務只是個手段，不是目的。

「刻板印象」就像個雙面刃，讓你快速認識九型人，也讓你陷在表象的迷霧中，你是否也有遇上讓你困惑的人呢？

【第三型／社交型】

- ● 經常出現的情緒陷阱：欺騙；我不能輸別人；面子第一
- ● 人格制約產生的心理驅力：害怕沒有產值，也擔憂除了成就之外自己沒有其他的價值
- ● 內心經常播放的小我訊息：「只要你成功、別人覺得你很讚，你就安全了！」
- ● 不自主的慣性行為：做到最好，形象、權宜優先。總是想證明自己是非常優秀或頂端的
- ● 破解人格制約的關鍵：學習接受全部的自己

這是一個渴望感到有價值、被人接受、受人歡迎的心理狀態。表現在外的特質是適應力強、成功導向、執著於形象，但是也容易為了贏得大家的肯定而掩飾隱瞞。視掌聲為價值的第三型人十分在意輸贏、特別用心包裝自己。積極自信、充滿幹勁、對異性有吸引力、廣受大眾歡迎……都是第三型人追求的「標籤」。來自他人的肯定與羨慕眼光，是第三型人的快樂泉源與動力，也因此讓他們更堅持要達成目標，不讓其他事物干擾自己的追求。

■▶【第三型是這個樣子】——婕予老師

　　小芯是一個要求很高的人，對外在和內在都是，她總是會穿符合場合的服裝，你絕對不會看到她穿著邋遢，哪怕只是要去丟垃圾或是街口買醬油；就算她穿得很休閒舒適，也不會

讓人感覺隨便。還記得她剛到一間外商公司，因為要接觸外國人，即便下班回家已經七、八點了，她還是會安排家教到家裡，幫她做一對一的外語補習，持續一、兩年的時間沒有間斷，就是為了讓自己能夠流利地接洽客戶，就算因此幾乎沒有什麼休息時間，她也從來不曾表現出疲勞和辛苦，總是精神奕奕的樣子，讓人很佩服她的毅力。

【第四型／多感型】

● 經常出現的情緒陷阱：嫉妒；我是一個特別的存在；我就是我
● 人格制約產生的心理驅力：害怕找不到身分認同；沒有存在的意義；擔憂變得平凡而無法確定自我
● 內心經常播放的小我訊息：「如果你能真誠地面對自己，你就安全了！」
● 不自主的慣性行為：探索自己、自我沉溺、自憐。總是想證明自己跟別人是不一樣的
● 破解人格制約的關鍵：學習放下自己

這是一個敏感、戲劇化、固執己見、情緒波動顯著的心理狀態。表現在外的特質是聚焦在「我」，所以處處想強調凸顯「我是誰」、經常檢視自我情緒，但是也容易將外界焦點都拉到自己身上，變得對號入座、鑽牛角尖。對自己是誰感到不確定的第四型人感情豐富，渴望表達自己的情感、自戀又神祕；希望誠實面對自己與他人，也喜歡彼此坦誠以對。

第四型人對自己與別人都十分敏感，因此極富同理心。特別欣賞有才華的人，尤其崇拜那些為夢想努力奮鬥的人。

▶▶【第四型是這個樣子】──Astred 老師

「他看起來心情不太好？」、「感覺是個很有想法的人？」、「好像有點難以接近……」、「真是位敏感、孤芳自賞、率性而為又浪漫多情的人！」

以上是大多書中對第四型人的描述。

有些人可能開始害怕了，感覺第四型人是很「難搞」的個性。人要勇於面對恐懼，在害怕的同時，可以先思考「難搞」究竟是什麼。當人的想像與現實產生差距時，就會產生挫折感，挫折感會讓你失望、焦慮、憤怒。第四型人的基本慾望是瞭解自我，而一個會想瞭解自我的人，代表他認為還不夠瞭解自己，所以會努力向內找尋。找尋自我的路途上總不是一帆風順的，在探討自己的行為動機時，難免會懷疑「我現在的行為，到底是發自內心深處的吶喊，亦或是單純的從眾呢？我必需要瞭解這件事！我不想盲從、我不想與大眾一樣、我希望能做自己……」於是那「難搞」行為，就這樣誕生了。

知道第四型人難搞背後的煎熬後，是不是能體會他們的感受了呢？千萬別這樣想！自認找到正確解答，可是會讓人失去找尋真相的動力呢！

【第五型／觀察型】

● 經常出現的情緒陷阱：貪婪；我能給出的很有限；情緒絕緣體

● 人格制約產生的心理驅力：害怕無助；變得沒用或沒價值；厭惡被完全擊垮的感覺

● 內心經常播放的小我訊息：「只要你能徹底掌握某件事，你就安全了！」

● 不自主的慣性行為：專注、追求創新、獨立，甚至疏離。總是想證明自己是更聰明、更精準的

● 破解人格制約的關鍵：學習走出習慣一個人的自己

　　這是一個想要自己更有能力、擔心會被外在力量吞沒的心理狀態。表現在外的特質是思維敏捷、行事隱密、獨來獨往，但是也容易變得疏離且怪異。堅持要比別人懂得更多的第五型人是敏銳、講究創新、低調、注重理性思考的，外表看來冷靜但內在容易情緒緊繃。深具觀察力、且非常富有實驗精神。陽光的第五型人就像傳說中擁有智慧與洞察力的先知，不僅能夠看穿事物、目光遠大，同時具有如宇宙一般宏大且關懷萬物的胸襟。

▶ 【第五型是這個樣子】──聆靈老師

　　想要謀定而後動，最後卻沒動的第五型。

　　唸書時，班級裡有一種人很陰沉，平常不愛講話，一講話就直接切中要害，但是因為沒什麼活躍度，也不愛交際，存在

感不高。

第五型人常常都在頭腦風暴中，一直在思考遇到事情要怎麼做，或是遇到人該怎麼相處。只是都在腦中作業而不輕易實行，所以別人以為第五型人很安靜穩重，那是因為大家沒看到這型人頭腦中的高度運作模式。

不過，只要一講到他擅長的領域，那就沒完沒了了，第五型人會一股腦兒地，把自己的研究鉅細靡遺地告訴大家，完全不在乎別人有沒有想要聽。因為第五型人通常不太會感受到別人的情緒，如果沒有制止他們，他們只會依照自己的想法去做事。

換句話說，第五型人很會思考，但是執行力不一定強。當個不愛跟外人接觸的宅男／宅女，常常是這一型的生活模式。我們可以運用第五型人分析事理的思考能力，但是為了身心健康，把他們抓出門去參加活動吧！

【第六型／矛盾型】

● **經常出現的情緒陷阱**：恐懼；杞人憂天的焦慮感；危機意識
● **人格制約產生的心理驅力**：害怕沒有支持與指引；無法靠自己生存
● **內心經常播放的小我訊息**：「只要你能達成別人的期待，你就安全了！」

● **不自主的慣性行為：結盟、搖擺、懷疑。總是想證明自己是值得信賴與需要被支持的**
● **破解人格制約的關鍵：學習相信自己**

這是一個想要尋找支持與安全感的心理狀態。表現在外的特質是以安全為導向，投入負責，但是也容易變得焦慮多疑、左右為難而躊躇猶豫。由於無法得到永遠的確定感，凡事容易往壞處著眼的第六型人非常注重事前準備、心思縝密、考慮周詳。且由於常常被自身的各式情緒洗禮，他們也很懂得如何激發別人的情緒。對待家人與朋友相當友善與支持，願意迎合、配合他們認定的「自己人」。陽光的第六型人充滿自信而且感到安全，對他人的情感波動很能感同身受。

■▶【第六型是這個樣子】——婕予老師

　　小煜在每一次做決定之前總是很猶豫，擔心他的決定對不對，會不會遇到什麼問題等等，假設給他十天的考慮時間，他總是在最後一天才能做決定。

　　問他為什麼不早一點下決心，他總是說怕做了錯誤的決定，或是決定之後才發現有更好的選項該怎麼辦？所以一定要好好思考。時間就在他反覆猶豫、不斷事前模擬可能會發生的狀況，以及因應方式中度過。但是往往到了最後，旁人們會發現，他做的決定，就是一開始想到的那一個方案，因此總是讓身邊的人很不瞭解：「既然這樣，到底為什麼要想這麼久？」

【第七型／鬼才型】

● 經常出現的情緒陷阱：貪食；錯過這次說不定就沒下次了；享樂主義

● 人格制約產生的心理驅力：害怕被剝奪；擔心陷入痛苦泥沼；討厭錯過的感覺

● 內心經常播放的小我訊息：「只要能得到你想要的東西，你就安全了！」

● 不自主的慣性行為：樂觀、容易分心、先自我滿足再說。總是想證明自己是快樂的

● 破解人格制約的關鍵：學習回到安靜的自己

　　這是一個想要追求快樂與滿足、不知畏懼與不受羈束的心理狀態。表現在外的特質是樂觀率性、興趣廣泛、及時行樂，但是也容易變得散亂狂躁。第七型人想嘗試的事情太多了，所以總顯得忙碌且常常有新計畫。他們喜歡參加各種新活動，卻不喜歡做細節規畫。第七型人充滿活力與自由派作風，總能輕易為聚會帶來歡樂的氣氛。傾向逃避痛苦的他們，不會因受挫而待在陰暗的角落蹉跎人生，在逆境中也會強迫自己以正向態度去面對。只是若不能從過往教訓中自我檢視調整，第七型人就會落入習氣循環中，在人前歡笑人後哭泣。

▶【第七型是這個樣子】——Astred 老師

「他是活力四射、笑口常開的人，總是看起來很歡樂，似乎沒有不開心的時候，雖然有時會小遲到、小食言，但是個好玩伴呢！」

以上是大多書中對第七型人的描述。

部分第七型人跳出來喊冤了！其實自己也有心情不好的時候，只是都沒人相信啊！喊完冤後，討厭團體氣氛沉重的第七型人，又繼續賣力帶動氣氛……就這樣，眾人距離發現「其實第七型人也是會低落的真相」又更遠了一步。

內心深處焦慮的第七型人，總是會找點事情讓自己好過一些，說笑話、旅行、聚餐都是他的選擇之一。假設健康度繼續下滑，甚至會飢不擇食，做出損人不利己的行為，只為逃避痛苦。或許這也能解釋，為什麼部分健康度一般的第七型人，在放你鴿子後，還一副「別在意，笑一個，原諒我吧～」的態度了。套用網路流傳的金句：「如果我有什麼讓你討厭的地方，麻煩請你自己克服。」儘管知道了這讓人好氣又好笑的反應，是源自第七型人逃避痛苦的習性，但還是讓人難以釋懷啊！

在此偷偷分享個放鬆的小祕訣，就是請大家盡量表達自己的不甘心吧，因為就算罵第七型人，他還是會開心地我行我素，所以千萬不要讓你自己不開心喔！

【第八型／指揮型】

● 經常出現的情緒陷阱：慾望；人生就是生存問題；挑戰自我極限
● 人格制約產生的心理驅力：害怕受到傷害；害怕被人控制；厭惡軟弱的感覺
● 內心經常播放的小我訊息：「只要你夠強大、對自己的處境有完全的掌控力，你就安全了！」
● 不自主的慣性行為：強悍、獨斷、殘暴。總是想證明自己是打不倒的
● 破解人格制約的關鍵：學習擁抱柔軟的自己

　　這是一個想要保護自己、決定自己人生的心理狀態。表現在外的特質是意志力強、勇於面對，但是也容易變得獨斷冷酷。第八型人是充滿力量感、習慣強勢主導的；自信果決、堅持己見，不惜與現實或他人對抗。克服的困難愈多，信心就愈強；尤其當完成別人無法完成的事情時，會帶給他們無窮的滿足感與強壯感。相較於其他人格類型的人會懷疑自己的能力，第八型人有完成任何事情的把握，並且會以自己想要的方式去進行。

　　▶【第八型是這個樣子】──聆靈老師
　　生來就是當老大的第八型。
　　不知道大家身邊有沒有一種人，很海派、講道義，每次朋友被欺負都挺身而出，教訓欺負朋友的人。這種人平常也蠻霸

道的，做事一定要自己帶頭，不太聽別人的意見，獨斷獨行。我有一任老闆就是這樣的第八型人。他會指揮我們做事情，但不會講得太細節，只要我們有成果就好。但是如果時間到卻沒有完成他的要求，就會被狠狠地檢討和責難，甚至是人身攻擊，抗壓性差的人就容易受到心理創傷了……不過，當我們被其他單位的人佔便宜的時候，這位老闆也會挺身而出為我們討回公道。

第八型人也很直率可愛，他們不容易隱藏自己的情緒，喜怒哀樂都表現在臉上。所以當我發現前老闆心情不好的時候，就會少去他面前晃蕩，因此躲過了不少劫難。

雖然和第八型人相處似乎伴君如伴虎，但是他們對事情和責任的擔當，還有勇往直前的態度，的確是我們可以學習的。只是，對於第八型人就不用太要求了，反正他們也不會聽的。

【第九型／溫和型】

- 經常出現的情緒陷阱：怠惰；少了我也不會怎麼樣；好好先生／小姐
- 人格制約產生的心理驅力：害怕失去或是分離感；害怕毀滅；厭惡衝突；討厭不和諧、失去平靜的感覺
- 內心經常播放的小我訊息：「只要你邊的人都過得好，你就安全了！」
- 不自主的慣性行為：包容、忍讓、自我抹滅。總是想證明自己是

不需要被特別注意的

● **破解人格制約的關鍵：學習記得自己**

　　這是一個想要保持內在穩定與內心平靜的心理狀態。表現在外的特質是平易隨和、謙遜包容，但是容易對外界妥協。第九型人是寬容、讓人感到可靠且愉快的。因為自己不喜歡壓力，所以也不喜歡給別人造成壓力。陽光的第九型人心胸開闊、耐心佳又好相處，能讓周圍的人感到穩定自在。不喜歡衝突的天性很適合當調停者；渴望放鬆自在的內心讓第九型人很懂得如何安撫別人的情緒、體恤不同的觀點，他們很擅長找到衝突兩端的共同點，排解紛爭。

　　■▶【第九型是這個樣子】──婕予老師

　　我很快就發現了這是自己的類型，上面的敘述很貼切，樂觀又容易被當成傾訴對象，真的很符合我的特質。之後在看到第九型的詳細敘述之後，也沒有什麼牴觸，像是不喜歡衝突這一點我也很有感覺。

　　從小我就是一個不會吵架的人，甚至曾經有一次我的同學劈頭蓋臉把我罵一頓，我都不知道發生什麼事，當下也完全沒有反應，可能也是有點嚇到吧，直到回家我才慢慢感覺到被罵的時候有點委屈、有點莫名其妙，然後開始生氣自己怎麼沒有反應過來，應該也要罵回去才對吧！但是，被罵的當下沒有反應，隔天又罵人，好像也很奇怪?! 不知道該怎麼做，最後就是自己生了一些悶氣，再隔幾天就忘記這件事情了。

● 業力是那沒被完成的能量謎團，常常促使我們去做某些事。

──克里昂（Kryon）

在瞭解了你內在經常出現的幾種人格機制（小我意識）後，接下來我們就來談談，經由累世的人格習氣而形成的業力模式。

隨著諮商個案的累積，我不斷從九型圖解說中，印證累世業力習氣在今生發揮影響力的故事。正如來自高維訊息的克里昂[13]所言，業力是人類的預設導引系統，它會創造出連續四到五代的醫生、老師、警察等職業傾向。人們會落在「我認為我應該要做某事」、「我只想做我喜歡的事情」的軌道上。

而如果從九型圖的角度去看業力脈絡則會更明顯。今生的個性習氣與人格特質，很多都是因為在不同生命週期時的體驗所刻畫下來的。前世的經驗確實形塑了我們今生的經驗，重點是，我們能否看破業力是如何運作？我們能否超越小我機制並保持覺知力，看清生命之流帶到眼前的其實是我們真正需要的？

正如我回顧開始從九型圖解讀業力模式的諮商歷程，這一切的背後，相信是有一股無形的因緣力量在運作著；而這份因緣的出現，其實也正是來幫助我圓滿前世殘留的業力迴圈。當我看見並了知這一切，我選擇盡力去做我能做的九型，以回應這段共振；但也明瞭到，我只是因緣際會下與九型圖共舞了一曲。

---

13. 克里昂是慈愛的高靈存有，透過克里昂系列書籍作者李・卡羅 （Lee Carroll）的傳訊，幫助我們進入高頻能量中。

　　記得 2019 年，我開始嘗試高維九型圖信息場的解讀諮商，以「九型意識密碼」為主，搭配「九型能量密碼」。由於九型意識密碼的計算相當複雜，那時我偷懶地想著，也許我還是回歸教授九型人格學就好，對於我是駕輕就熟，輕鬆多了！

　　然而，業力之輪才不會因為我的偷懶心態而停止轉動，祂會以不同的方式把我推向既定的道路。

　　2020 年初對我又是一次靈感的襲擊！「九型藍圖密碼」出現了！

　　計算方式比起九型意識密碼簡單多了！我內心深深覺得九型圖實在太慈悲……因此我隨順從 2020 年起，除了持續原本的九型教學師資培訓與專業級的九型大師課程外，其餘時間便以九型藍圖密碼的解讀，與個人化「九型輪」的繪製作為我的工作重心。2023 年開始規畫九型圖信息場總體課程的教學，期望與和九型圖有共振的朋友們一起傳遞九型心光密碼。

　　其實，九型藍圖密碼的整個架構直到 2020 年下旬才算完整下來，應該說，隨著我願意敞開自己接納這「以計算方式來解讀的九型圖」之後，我才完全領會其中的祕義。緊接著出現的是九型輪繪製。九型輪的緣起是因為我的愛犬優比離世，思念之情讓我在偶然機緣下於手機中塗鴉，沒想到也就自然而然地畫出各式的九型輪，後來我加上祝福意念的觀想，「九型心光彩輪」系列應念而生。接著我更發現九型輪與九型能量密碼是很有關連的。

　　在此，我很感謝九型學院的認證師資聆靈老師，她本身是塔羅老師，也是一位動物溝通師。因為她的分享，讓當時的我能夠看見眼下來到生命中的安排。同時，我也要感謝毛小孩優比，冥冥之中是牠呼請九型輪兒們來陪伴我的吧！

　　接下來我要分享的九型業力故事中，你或許會從其中看見自己生命

的影子，但是請不需要對號入座，因為九型圖上所呈現的業力分布，並不是要我們陷入業力迴圈內鎖死自己，而是要讓我們看見**自己被哪些信念制約，產生了相對應的習氣模式，這些習氣模式又如何建構出今生的小我機制。**

◉ 今日之你，是你過去念想的產物

　　九型藍圖密碼與九型能量密碼是查看個人業力模式的方便工具，只需要個人的出生年月日與九型人格主導類型，就可以看出這個人的業力分布與此生的追求。其實，雖然我會對個案有強烈的直覺，但並不會特別去感知個案的前世；由於有些個案本身已經有關於自己的前世故事，在聽完我的解讀後通常會向我做個驗證。也有些個案是事後經由別的管道獲得了前世的資訊，然後寫信來與我分享。我衷心感謝大家給我的回饋！讓我有更多的實例來解說。九型圖信息場確實能夠與大家共振，提供對個人不同幫助程度的訊息。

　　而我從眾多的案例中，大致歸納出幾種靈魂在今生如何處理前世經驗與業力的模式。

　　有的人選擇此生繼續發揮前世經驗種下的習氣（也可以說是前世累積下來的能力，或是結下的緣分）。有趣的是，根據我的觀察，這樣的人在接觸過九型圖系統並進而自我認識後，紛紛因此覺醒，開始走出習氣，人生也逐漸轉移到不一樣的方向。

　　有的人選擇此生來平衡前世的業力；有的人還活在前世的恐懼中；有的人則是乘願而來，想要完成前世未了的心願或是渴望。

　　你是哪一種呢？現在就讓我們來看看吧！

【第一型的業力報告】

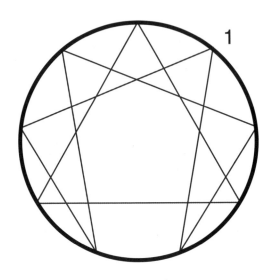

- 業力經驗：對權威不得不服從；因誠實表達自己而帶來嚴重後果；撒謊誤眾
- 習氣模式：憤怒；自我壓抑；罪惡感
- 人格慣性：符合良知 vs. 過度批判
- 今生所現：正確主義型；改革者

　　九型人格中的第一型人是光明與責任的代表，他們有一種使命感，想利用各種方法，透過自身的影響力改變世界。他們做事負責有良知，自我要求高，期許自己表現出高尚的情操與行為。第一型人心中有一個超出一般人的道德標準，也會嚴格約束自己要守住某種紀律。即便需要付出極大的個人代價，他們也願意為了追求更高的價值而努力。行動派的第一型人經常衡量自己與別

人的行為，是否合乎他們內心認定的標準，更希望能夠將「有用之人」一詞的價值發揮到極致。第一型人對於自認為正確的價值，通常會不妥協地捍衛到底；而且傾向把自己信奉的真理貫徹到別人身上。

當我計算出個案 A 的資料時，我心想，這個人若問我他是否應該進入宗教界或身心靈領域，我一定舉雙手贊成。因為，他的九型藍圖密碼數字群，顯示的就是一個閃耀著神性之光、對宇宙神祕領域充滿渴望的靈魂！

「是的！我年輕時真的差點就去神學院報到了！雖然沒當成傳教士，但是我第一型的那種嚴厲、嚴肅的特質實在太強了！強到我周圍的人都受不了！可是我就是沒辦法不嚴格，我很難忍受隨便馬虎。……我很熱愛目前從事的工作，它讓我的使命感得到完全的發揮！我始終相信人應該要做有意義的事情，成為有貢獻的發光體！」

聽完 A 以第一型人俐落與快捷口氣的自述，我理解到眼前這個靈魂承襲了挺重的前世習氣。透過我對九種人格類型前世習氣的感知，習氣超強的第一型人通常有一個「壯烈成仁」的前世故事，或是背負著「沒說出實話」的前世愧疚。讓我驚奇的是，本身接受過阿卡莎閱讀訓練的 A，竟然曾經從冥想中看見與今生有關的兩個前世，而且都呼應了我對第一型的感知。

從 A 自己的前世追溯中，他看見自己曾是中世紀某修道院的院長（或是地位崇高的修士），他所在的城鎮有新的教派進來，因為私心，他捏造了謊言詆毀排擠對方，造成兩邊的信徒有誤解甚至發生火爆衝突。他記得最震撼的一幕是，在逃亡的路上，瞥見一個在戰火中重傷無依的小女孩倒在路邊哭泣，他整個人幡然醒悟！內心悔恨至極！一股無

法原諒自己的罪惡感、羞愧感與自責怒火將他淹沒……。

　　而在 A 另一次的前世中，也曾經是一位修士，那次他為了捍衛神的真理而被燒死。

　　「我本以為今生每一次的大動怒、使周圍人難過的指責批評，這些恨鐵不成鋼的心情是理所當然的，但背後原來與第一型的性格習氣有關！想想，跟前世那種為了神的真理感到義憤填膺、無畏赴死的熱血相比，今生發怒的事情都太渺小，而且很多事情根本是不必要那麼生氣與嚴厲的！」

　　為了感謝 A 的前世分享，我另外幫他做了牌卡解讀。真的很奇妙！我抽到的就是與宗教相關並帶著天使翅膀的牌卡，而且牌卡內容正是要他在今生及任何一世，在生命的各個層面，無條件地原諒、釋放關於自己是誰的所有批判與羞愧……。

　　後來 A 寫了一封信件與我分享：「我應該要原諒那世的自己，其實他就算覺得對不起神，悔改就好，為什麼要無地自容逼死自己，太嚴苛了……但我今生也是這麼嚴苛啦～哈哈哈。很想說，謝謝老師告訴我們要知道人格封印都是過去的事情，這句話對我來說很重要！」

　　我也要謝謝你願意將你的故事分享出來喔！

【第二型的業力報告】

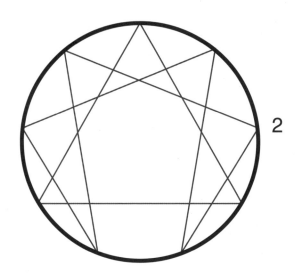

- 業力經驗：我不負人，雖然我被信任的人辜負；目睹太多不人性的對待；失職
- 習氣模式：驕傲；憐憫心；盡量滿足別人
- 人格慣性：當好人 vs. 討好人
- 今生所現：服務型；助人者

九型人格中的第二型人是愛與守護的代表，他們是最真誠地想幫助別人的一群人；即使他們的性格健康度不佳，也會自我催眠般相信「自己是無私在幫助別人」。對別人懷抱同理心、慷慨大方，甚至能夠將愛普及萬物，是第二型人覺得最有意義的生活方式，對別人付出善意的同時感受到的關愛與溫暖，以及做好事時得到眾人的回饋，都會讓第二型人感到美好而活力充沛，因為

他們最在意的就是愛、親密感、家庭與友誼。當第二型人處於健康、平衡的狀態時，他們就像溫暖的太陽，無私照耀體貼著身邊的每一個人。

　　當我計算出個案 B 的資料時，我心想，這個人在情感方面不知道是否經歷過驚濤駭浪或是捶破心肝的故事。基本上，我對人格封印是二的人本來就多一分心疼。因為，第二型人傾向不設限、掏心掏肺地對待愛人；重點是，付出的背後其實隱藏著「驕傲──我能做到別人做不到的犧牲！」的情緒黑洞。果然不出我所料，眼前這位事業有成卻仍舊單身的男人，緩緩道出他人生的重大創痛。

　　「曾經，我將深深珍愛過的一個女人娶回家，我對她百般的好，甚至連尊嚴都可以任她踐踏！但是，她卻公然外遇！讓旁人跌破眼鏡的是，當時我居然還幫她找理由，甚至願意原諒她的出軌，只要她願意回到我身邊！然而，她終究還是離開了我。我當時真的不想活了，更無心工作。我百思不得其解，我到底做錯了什麼要遭受這種事⋯⋯。」

　　聽完 B 的自述，我剎時有一種強烈的直覺，眼前這個靈魂應該是來平衡前世的業力迴圈。我感知到他與前妻共同的那一世，他也深深愛慕著前妻，但前妻在那一世已有了心愛的人。這位 B 先生以自己的官職權勢，暗地裡謀害前妻的愛人，並欺騙前妻嫁給自己。或許因為前世奪人所愛，這世就來體會被人奪愛的感受。

　　瞭解了這段前世因緣，我想大家也不必陷入「自作自受」的因果報應想法，而是以一種「平衡業力」的角度去看待。業力迴圈是需要被圓滿，但重要的是我們能夠清醒、有覺察力地走出來，不再無明造秧，更不需要抱著「冤冤相報」的故事糾纏下去，繼續活在人格慣性當中。

　　其實 B 這次前來諮詢，是想知道他的人生要如何才能夠圓滿？親密

關係的挫敗是否意味著此生的功課未了？

　　我從九型意識密碼看見他的「命定意識界」（即此生中最具挑戰的領域）落在「人際意識」；而從整體數字群綜觀來看，簡單來說，B其實很容易受到旁人意見、甚至能量的影響，他最要緊的是找回自己的中心，做任何決定之前，一定要問問自己：「這真的是我想要的嗎？還是其實是因為可以得到別人的肯定、讚賞、甚至友誼？」

　　我個人覺得B在親密關係的經歷，其實也是靈魂在提醒他「做自己」的重要。而B真正的挑戰是在「人際界線」，所以B在這期生命中具備了「第二型封印」，也是早已安排好的吧！

【第三型的業力報告】

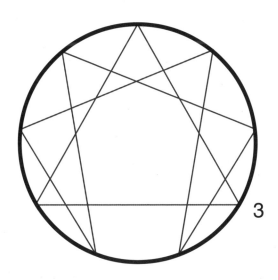

● 業力經驗：看盡紙醉金迷；被情狠傷所以不再認真；歧視他人

● 習氣模式：虛假；抗拒親密；看不見真實的自己

● 人格慣性：追求肯定 vs. 過度包裝
● 今生所現：社交型；成就者

　　九型人格中的第三型人是魅力與自信的代表，在性格度健康的狀態下，他們適應力強、專注力高，可以在人生的各個領域中取得成功。第三型人天生具有「明星」本性，懂得如何發揮自身魅力獲得眾人的仰慕，即便得隱藏真實的自己，甚至改變自身以迎合需要。他們嚮往盡情發展自身能力，同時自己的成就又能夠被世界所知曉與讚賞，堅信那樣才是成功美好的人生！第三型人通常會努力達到其所在文化中的菁英階層，眾人可以從他們身上看到：只要你夠努力，你就能得到你想要的！

　　當我計算出個案 C 的資料時，我心想，這位小姐鐵定是位萬人迷呀！因為從九型密碼數字群中看見好多的魅力數字呢！看到本人時，果真是位打扮入時、時尚名媛風範，那種在人群中自然閃耀著動人光芒、讓人很難不被吸引目光的美麗人兒。C 想知道她是否具有從事身心靈事業的潛力，也大方跟我聊起了幾年前她曾經做過的前世諮商，與我感知到的屬於第三型人常見的業力模式諸多謀合！

　　「據說我的前世是唐朝的貴公子！整天騎名駒逛大街、享受美食，還與不同美女們約會……哈哈！我想我應該是辜負了很多姑娘，所以這一世投胎作女生。還有，我一直覺得自己對感情沒有很大的執念，比較不像一般的女生，雖然之前那位幫我看前世的老師說，在那一世我還是有愛上某個女子，但最後沒有圓滿結果，我才會因此變得四處留情……不過，我個人是覺得不太可能！因為我其實可以把感情放一邊的，才不會被情所困！我覺得被情所困是天底下最笨又最不值得的事！」

聽完 C 的自述，我想除了前世習氣，C 應該也要釋放掉前世對親密的恐懼。

C 已經結婚了，她說先生或許不是她最愛的人（她坦誠，到目前為止她真的不知道什麼叫「很愛」），但他絕對是最佳伴侶，完全符合她的擇偶標準。

C 是位出色的保險經紀人，已經做到非常高階的職位。近年她對身心靈領域很有興趣，也上過不少課程。隨著 2020 年大家都在談地球要揚升，注重心靈的水瓶時代來臨，她開始覺得或許應該投身這個領域。

我從 C 的九型藍圖密碼數字群來看，C 很適合業務、溝通交流，尤其適合獨立作業，原來的保險經紀人工作其實就很適合她。至於 C 為何會對身心靈領域有興趣，這與她的圓滿座標有關，因為 C 的靈魂安排就是要在「靈性道路」這個領域滾上一圈！而 C 的天賦能力有一項是「幫助他人找到定位」，雖然不是直接與身心靈有關，但我認為「利他」絕對是當人們的心靈開始覺醒時，首先要多做、到後來會成為自發的事！因此我建議她目前仍舊維持原有的保險經紀人工作（如果她沒有一定要辭職的話），然後透過工作上與人交流的過程，嘗試融入「幫人找到定位」的元素。未來再經過幾年的自我修練與學習有緣的法門，她一定會踏進身心靈領域的。

【第四型的業力報告】

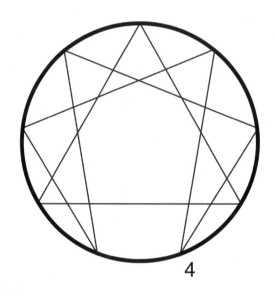

4

- 業力經驗：為何是我？因異質而遭威權者迫害；霸凌他人
- 習氣模式：受害者情結；自認有瑕疵；感覺遭到排擠
- 人格慣性：探究自我 vs. 沉迷扮演
- 今生所現：多感型；自我者

　　九型人格中的第四型人是美感與敏感的代表，他們是情感最豐富多變，也最能夠感受到人我之間差異的類型。第四型人打從心底覺得自己與別人不一樣，憑藉這份獨特感維持自我形象與身分認同。由於感覺自己是特別的那一個，他們先入為主的認定，自己不會得到別人的理解或愛。很多第四型人自視甚高，往往容易落入眼高手低的情境，埋下心理陰影，讓他們更不想暴露短處而選擇與人群隔離。然而，第四型人對於追尋自我的渴望與對人

生意義的探究，讓他們在身心靈領域有不凡的發展。

　　當我計算出個案 D 的資料時，不由得再次讚嘆高維意識（高我）天衣無縫的安排。D 小姐的主導人格類型（靈魂封印）是第四型，她的高我不僅幫她安排了生日九型光流數字為五，同時導航數字是八，甚至在其他的九型數字群中，又是八數與五數的組合！看來 D 小姐的高維意識強烈地想幫助她在今生能夠突破封印！因此給了她九型圖上五數的冷靜邏輯力，以及八數的爆炸行動力。不過問題來了，如果 D 小姐太沉浸在封印四數裡，沒有意會到五數與八數對她帶來的正面影響，那麼，她一定會產生非常大的矛盾與拉扯感。

　　「難怪！我一直覺得自己有八的快狠準！尤其是務實這個部分，我在物質上非常精打細算，從不做無謂開支；需要和想要我分辨得很清楚。以前我會暗自覺得自己好兩面，明明就這麼世俗，卻又嚮往不食人間煙火，很想要營造一種超然的自我感。因此，有時候我會看不起自己、感到很虛假，而我最痛恨就是虛假的人。我遇到狀況是很果決的，甚至比周圍的人更快做出決斷，雖然我知道我四型的特質還是壓倒性的高，我經常覺得被一種悲涼的氛圍籠罩……」

　　其實，第四型的心理結構本來就比較容易對到「感傷」相關的頻率。在我對第四型業力模式的感知中，他們在最相關的前世裡，很可能因為「身分特殊而遭到眾人的不諒解、甚至是打壓」；其次還有可能遭遇到悲劇性的人生經歷，那份悲傷感一直縈繞到這一世。另外，也有可能他們這一世是來平衡前世排擠他人造成的業力迴圈。

　　D 恍然大悟地與我分享了一個她可能的前世：

　　「我的小阿姨是敏感體質，有時候會夢見前世或是預知夢。在她的一次夢境中，她牽著我的手在大海嘯來臨前逃命，我們在驚恐中邊跑

邊嘶喊要抓緊彼此。她說，最後我們應該還是因為無情大浪而鬆開了
手⋯⋯那一世她與我是母女關係。」

聽完故事的當下，一股心酸感從我的心間鑽出，或許也連帶釋放了
我內心不知原因被壓抑的痛楚吧！其實，D小姐九型藍圖密碼的數字組
合，顯示她是具有療癒能力的，尤其是在親密關係的領域裡。我建議她
日後選擇工作或志業時，若有與愛情、兩性、親密關係領域的相關選項，
都應該要勇敢去嘗試！

【第五型的業力報告】

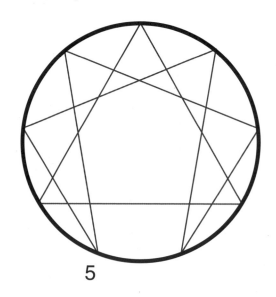

5

● 業力經驗：自主權被限制；被操控；剝奪他人的自由
● 習氣模式：渴求獨立；囤積資源；自我封閉
● 人格慣性：掌控 vs. 執取
● 今生所現：觀察型；探索者

　　九型人格中的第五型人是邏輯與心智的代表，他們渴望探知藏在事物背後的原因與運作原理。無論是宇宙星際、天地萬物、尤其是人類的內心世界……都是他們想要探究真相與挖掘祕密的領域。第五型人傾向不斷地尋找、發問，深入事物內部，甚至不惜花時間反覆實驗比較，為的就是要找到令他們信服的答案。第五型人強烈認為必須親自驗證，因為在他們眼裡，別人的方式通常不夠嚴謹周全。只是，一旦第五型人歸納出自己精心研究後的答案，就會堅持以此標準放諸四海，這也成為第五型人的大陷阱之一：偏執，他們很難接受別人的看法與經驗。然而不可否認的是，第五型人擁有超級專注力，讓他們能為世界帶來卓越的發現與創新。

　　當我計算出個案 E 的資料時，其實挺想瞭解她在現實生活中如何規畫人生、選擇職業與伴侶。因為她的九型藍圖密碼數字群有完美的孤鳥迴圈，而這期生命她需要特別體驗與圓滿的卻在親密關係領域。此外，她的靈魂呼喚與累世才華是一種形而上的超級組合，意思就是，她的「顯化」能力無比強大！如果她想走身心靈路線，那麼會非常適合教授「如何讓夢想成真」的課程！因為她只要站在講台上，就已經在將顯化的頻率散發出去了！

　　「我從沒有想過要走身心靈領域，我也不覺得我會。或許是因為家裡有多人深陷宗教啦、修行啦，但在我看來卻是自私的一群人，讓我感到反感吧！其實，我也一直不知道自己應該選擇什麼工作。如果不算在家兼差性質的插畫師，我做過最久的工作應該是助教。想想我做過很多工作，才藝班老師、旅行社票務、自己當老闆開過小餐館。我其實也很想知道自己的天命是什麼，不然為什麼我總是工作一段時間就想換領

域⋯⋯」

　　聽完 E 的自述，我心想，明明就是走身心靈的料，怎麼就不肯走呢⋯⋯或許這其中、這背後就是有著「天外飛來一筆」的插隊業力吧！這時，就算投胎前已經規畫好了一切，還是會被臨時狀況打亂；有時候是我們自己的人格習氣，有時候則是不知何時種下的種子成熟了。

　　「感情也是有類似的狀況。我跟先生認識很久，但其實我並沒有很想踏入婚姻。我也曾經嘗試浪跡天涯一番，看是不是能為自己開闢不同的人生道路，但到頭來，還是回家當了家庭主婦。至少家裡是我能完完全全做主的小天地！在外人眼裡，總覺得是我太閒、先生又太尊重我的意志，太自由了所以才找不到方向。我自己的觀察是，或許是第五型人的關係，每當我努力進入某個領域，如果看到有人已經做出很棒的作品或是成就，我綜觀判斷我應該沒有那個天分可以超越時，就會去找另一個領域重新開始。」

　　在我對第五型人的前世感知裡，他們因為不同的原因，失去對自我人生的掌控權。有的人得聽命於主人；有的人可能因為貧窮無法受教育、無法有足夠的機會；有的人甚至是完全沒有自由可言的囚犯。這些緣由都會讓他們在這期生命中渴望追求獨立、囤積資源⋯⋯主要原因就是要「保護照顧好自己，不必再受到別人的牽制」。過去教授九型人格時，我常看到第五型人非常執著於自己想做的事情，甚至犧牲物質生活只為圓滿夢想。有些五型人會經過一段時間的摸索與探究，暫時過著脫離世俗的生活，只為找到自己的人生方向。我想，E 小姐或許是今生一下子獲得滿手的自由，但還不習慣去使用吧！

【第六型的業力報告】

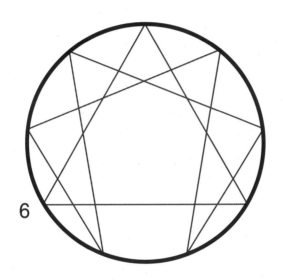

- 業力經驗：無常的震撼；被死亡的恐懼籠罩；謀殺他人
- 習氣模式：難以信任；尋找救援者；莫名恐懼焦慮
- 人格慣性：質疑 vs. 過度擔憂
- 今生所現：矛盾型；忠誠者

　　九型人格中的第六型人是友善與團結的代表，他們會與認定的人一起共患難，是九種人裡最努力追求長期關係，也是對朋友和個人信念最為忠誠的類型。即使第六型人深曉所有的想法或威權，都應該接受質疑與挑戰，但是他們依舊會對所屬團體、體制，與目前擁護的信念極為忠誠。其實，並非所有的第六型人都想當乖乖牌，他們甚至會想刻意標榜自己是不按舊路、願意創新、特意表現出叛逆；第六型人不像第八型人那樣的天生反骨，他們需

要內在勇氣（性格健康度高者），或是以恐懼為燃料（一般第六型人）才能展現出反叛。第六型人雖然被恐懼驅動，但是他們守護所屬團體或家族的堅持，要比捍衛自己更為勇敢堅定。

　　當我計算出個案F的資料時，很想知道這位具有高度同理心與強烈服務取向的性情中人，是否已經受到高我的召喚而從事服務大眾的工作，因為他的九型藍圖密碼數字群明白顯示，這一期生命別無他路，唯有侍奉眾人方得圓滿。同時，他的高我期望他以遊戲人間的方式破解第六型的封印：恐懼。

　　果不其然，F是一位身心靈的作家，雖然沒有特定的宗教信仰，但是他相信輪迴轉世之說，因為他自己就能夠從夢境或是冥想中，看見自己的眾多前世。

　　「我知道我有好幾世是戰士或軍人，沙場上的血腥味、煙硝味、死亡的氣味，我不用想像就可以聞到與感受到！我有一世是將領，但我很不喜歡那一世，因為我下令迫害了大批無辜的百姓……。」

　　聽完F的自述，同樣身為第六型人的我，心有戚戚焉，真的很想與他擊掌！我自覺也曾經有一世是戰士，每天在槍林彈雨中與死神賭博，不知道從砂坑衝出去後是死是活……我的感知中，第六型人在過去生最大的業力印記，應該就是突如其來的死亡，可能突然病死或橫死。死亡本來就是人類的終極恐懼，也因此讓第六型人在今生被恐懼封印住——不是針對特定事務對象的恐懼，而是恐懼本身。但是如我一直強調的，**每型人都被特定的情緒（原罪）封印住，重要的是去理解，那些情緒都是過去式了！**今生有今生要體驗的事情，不要讓過去生的記憶與所衍生的情緒拖住了你！

　　當 F 看到他的生日九型光流是數字七，這個九型數字中最樂觀陽光的數字時，忍不住大笑起來，他說高我真的很愛開玩笑！明明就知道他的人格封印是最愛心驚肉跳、沒事窮擔心的數字六了，怎麼還找個開心果七要他來體驗呢！這不是為難他嗎？

　　「生日九型光流」數字代表的是靈魂的渴望與嚮往，我倒覺得 F 的高我是來拯救他的呢！

【第七型的業力報告】

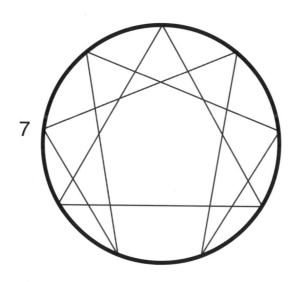

- 業力經驗：未完成想做的事；做錯決定而導致嚴重後果；誤導他人的靈魂計畫
- 習氣模式：不想錯過任何機會；不願承諾；容易分心
- 人格慣性：追求多樣化 vs. 逃避責任
- 今生所現：鬼才型；熱情者

　　九型人格中的第七型人是樂觀與冒險的代表，任何能夠引起他們注意的事物，他們都會一頭栽入，不過可能只有三分鐘熱度，因為他們隨時會發現更新奇有趣的東西。第七型人以滿滿的好奇心、樂觀態度與冒險精神面對這個世界，就像孩子到了遊樂場或是糖果店中，興奮地睜大眼睛看著周遭一切，迫不及待又深怕錯過，盡可能去體驗一切的美好。第七型人絕對是大膽而活潑、帶著歡樂愉悅的心情追求他們想要的一切。頭腦靈活的他們總覺得天下無難事，因為他們習慣從最樂觀、最順利的角度看待事情。一旦要實際進行時，問題就會一個個爆出來。只是第七型人通常不會責怪自己，是那些不夠聰明的人壞了大事！

　　G 是一位長輩故人，他的童年故事與人生歷程可以說是第七型的典型寫照！G 在朋友群裡就是一個開心果、人來瘋。只要有他出席的聚會場合，大家絕對都可以閉嘴休息，他一人表演就能撐住全場。其實大家也很樂於聽他講述，過去一段時間又發生了什麼新鮮有趣的事情、有哪些好吃好玩的地方、他又認識了幾個三教九流的朋友；到了老年，他一樣跟著年輕人打遊戲、玩社群。即使最後的人生身體活力不再，沒有力氣外出，G 仍舊面帶笑容成為聽眾，想聽聽大家近來生活中的趣聞。

　　六、七歲時因為戰爭逃難，G 曾在山裡一間廢棄的寺廟住過一年多的時間。據 G 的母親轉述，那時他們打擾到狐仙修行，所以 G 感染細菌幾乎喪命。後來因為有人指點，教他們懇請狐仙的原諒，G 才撿回一命，但卻造成了胸廓畸形的後遺症。由於特殊身型的關係，G 長大後，講話聲音如同孩子的聲線一般清亮高昂；或許是母親對 G 的心疼寵愛，讓 G 的個性也一直就如孩子一般活潑好玩、任著性子追求自己想要的東西。

　　雖然沒有 G 自述的前世故事來輔證他身為第七型的業力因緣，不過在業力習氣模式會延續的思路下，我相信事出必有因。

　　看似是今生事件造成的結果，其實或許只是一個**觸媒**，可能業力種子至今生才成熟。在我對第七型人的前世感知裡，他們很可能有過短暫的前世，甚至還來不及出生。我曾經看過幾位第七型人的九型藍圖密碼數字群，非常巧合的都具有「急迫行動」的組合，其中一位與我分享，她知道自己有過超短命的兩世。

　　G 離世的前一天沒有徵兆，只是一如往常身體有些不適而住院調理。夜間家人返家，隔天清晨時 G 悄悄地走了。家人說，這很符合 G 的作風，他不喜歡看見掉眼淚的場面，最終選擇揮揮衣袖，快活當神仙去了！

【第八型的業力報告】

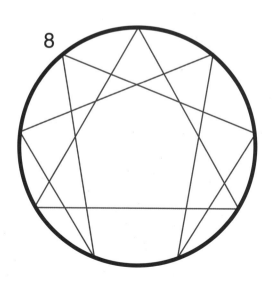

● 業力經驗：天災人禍造成失去；底層掙扎求生；掠奪他人
● 習氣模式：絕對不放手；實際且獨立；疑心重
● 人格慣性：堅持自我 vs. 擠壓別人
● 今生所現：指揮型；挑戰者

　　九型人格中的第八型人是意志力與生命力的代表，他們很喜歡挑戰（有時候是挑釁）別人，同時也給別人機會來挑戰他們，背後原因是他們特別想要超越自我，尤其是能夠讓他們感覺「活著」，感到自己充滿活力！第八型人不喜歡沒有挑戰性的感覺，情況愈是艱困，愈能夠激發他們的鬥志。第八型人深具領導者魅力，擅長說服群眾加入他們的行列、一起打拼。舉凡與開創性質相關的事情，第八型人都會樂在其中，不會感到疲累！從創立公司、開闢事業版圖，甚至是都市規畫建立……都可以看到第八型人活力充沛、反覆地進行宣戰與談判的事務。

　　每當我拿到主導人格類型（靈魂封印）是第八型的九型密碼資料時，總是第一個查看個案的**「命定意識界」——這個座標的深層意涵是：「迫切需要被釋放的恐懼」**。我很想瞭解這群大家眼中的「難纏份子」，前世究竟是在哪個人生領域，產生了這麼巨大的作用力，讓他們今生如此強硬地保護自己。而這次個案 H 的圓滿座標落在「親密意識界」，更是激起我無比的好奇。因為對於不喜歡示弱的第八型人來說，表達內心真實的情感本來就是一大挑戰，更別說 H 人生中的親密情感連結，就是引起她最深恐懼的地雷！

　　「我與女兒的關係一直很緊張，她就是沒有我的緣！有一個好朋友會幫人看前世，她說我與女兒前世就是冤家，女兒是大老婆，我是小妾。

那一世我經常受到大老婆的欺負、折磨與痛打，最後在一次被家僕的圍毆下，我已經奄奄一息，大老婆走上來狠狠補上一腳後，我就在恐懼與怨恨中斷氣了。而這一世換成我蠻常打我女兒來教育她，女兒長大後我也是經常罵她；我自己也知道這樣會影響感情，但就是忍不住。因為她常常頂撞我，而且我總是會被她眼神中流露的輕蔑與不屑所激怒！」

聽完 H 的自述，我想這一世的她除了要來平衡與女兒的前世業力外，前世境遇的影響，也讓她在今生為自己內建了強悍的人格機制來自我保護！同時，也再一次印證到一個通則：「生命中看似帶來難題的局面，背後往往有我們需要看見的意義，與幫助我們跨越的助力！」

以我對第八型人的前世認知中，有很多關於難民或社會低層被迫害者的故事，想要保護自己的渴望，在他們的意識中埋下強大的種子，而今生若遇到適合的條件就會讓性格種子萌芽。只是我發現，呈現的狀態是人格健康還是不健康，與靈魂本身的層級有關，或是與靈魂是否攜帶著其他的任務有關。

當然，也有部分的第八型人前世是掠奪者，所以今生除了會承襲前世的習氣外，同時一定會有很多機會讓他們去省思，掠奪與自私是否真的是此期生命中的不得不，以及人生中真正值得捍衛與堅持的是什麼。

【第九型的業力報告】

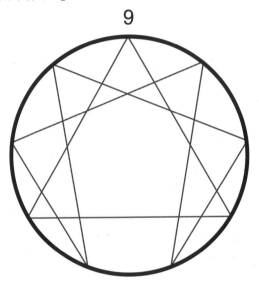

- 業力經驗：低人一等或不需與人競爭；倚靠他人；不尊重他人
- 習氣模式：因為無效不想費力；習慣這樣就好；自我抹滅
- 人格慣性：怡然自得 vs. 消極抵抗
- 今生所現：溫和型；和平者

　　九型人格中的第九型人是謙遜與包容的代表，他們是最想要與他人保持和平共處的一群人。性格健康度佳的第九型人是精神靈性的追尋者，渴望跟宇宙萬物相容相合地連結在一起。第九型人努力維持內心的平靜感，也努力與外在環境和平共處。我的老師唐‧里索認為，第九型人位處九型圖的頂端，意味著涵蓋了所有的特質：他們有八型人的力量、七型人的好奇心、六型人的責任感、五型人的理性、四型人的感性、三型人的吸引力、二型人

的悲憫心和一型人的理想主義。也正因為如此，第九型人很容易認同其他八種類型的特質，卻缺乏對身為第九型的自我認同感。

　　在我對第九型人的前世認知裡，感覺到一股沉重的「無能為力」。造成「無能為力」的原因很多，有些是地位卑下：女性、貧窮、弱勢……也可能是被照顧著而身不由己、無法自己做決定；或是被呵護著根本不需要自己花腦筋。當然，我對於第九型也還有別的感知，但主要是上述的狀況。

　　接下來這個故事的主角J，是我某次「九型人格前世今生課程」的學員，那次是我首度公開人格習氣與業力研究。當時的我還很在意旁人的評價，對於公開討論人格與前世業力的關係，心裡很是掙扎，想著「人格類型是歸類在心理學的範疇，怎麼會冒出前世概念，扯上業力輪迴……」。

　　或許J感受到我的矛盾與猶豫，在下課後特別跑來找我，並且分享她親身經驗到的前世體驗。她想要給我鼓勵與支持，而我也真的被支持到！從此，我更堅定研習九型的方向──引導大家看見自我人格習氣，進而藉助想要自我提升的願力來轉化習氣，最後人人都能夠自由對頻在所想要的意識流中。

　　「我是一名醫師，不過說實話，我內心從來不知道為什麼我會選擇這個職業。即便很多人說不需要想那麼多，當醫師多好啊！但是我是感到心虛的，我沒有那種強烈的使命感，也沒有認為當醫師有多麼不得了……我就只是堅持選擇學醫，而這個謎一樣的決定就在一趟印度之旅獲得了解答！

　　記得遊覽車駛過恆河邊時，我整個人（應該是指意識）像在雲裡一般漂浮起來，金色陽光籠罩下，炫目卻又朦朧不清的光暈中，我看見了

一位面帶愁容的印度婦女，她正無助地哭泣。當時我心裡也一陣鼻酸，但這真的是太奇怪了！所以，我努力說服自己是我眼花了吧，又或許是被聖地的氛圍感動到頭腦矇了……。

　　沒想到就在那個晚上我做了一個夢，在一個陰暗髒亂的貧民窟中，看見那位印度婦人守著病榻上奄奄一息的丈夫，她無助又悲傷地哭泣著！他們太窮了，請不起醫生。就在她先生斷氣的那個當下，她內心激起一個強大的意念：來世一定要當個醫生，能夠救治心愛的人！」

　　我至今依舊清晰記得，J用那第九型人專屬的真誠雙眸與溫暖的語調說著：「挹芬老師，請繼續研究下去喔！很多人都在等待揭開自己靈魂的謎底呢！」

⬢ 九型圖 Q & A

Q：「九型圖」和「九型人格」的直接連結是什麼？相同與相異處為何？

過去大家熟知的「九型人格」，是「九型圖系統」在三次元（人間）的應用；在本書中，我稱其為「九型人格密碼」。九型人格的功用，是引導大家透過自我覺察去認識與調整自身的性格習氣，並在瞭解自己的過程中，也能同時理解他人。「九型圖系統」向下涵蓋「九型人格」，祂揭示的是內在合一本質的奧祕。

Q：在認識九型圖之前，需要有什麼知識上的準備？不認識九型人格的人也可以看嗎？

「九型圖系統」是探索無限大宇宙與內在小宇宙的一扇全新知識門，只要保持一顆好奇開放的心即可。

Q：為什麼閱讀「九型人格」的人格描述，常常會覺得自己好像屬於某一型，有時卻又像是另外一型？

因為「九型人格」只是你靈魂的一個部分而已。在九型圖系統中，還有「九型藍圖密碼」中的你、「九型能量密碼」中的你、「九型意識密碼」中的你，而這些「你」會時不時呈現出來。

Q：九型圖和其他占星或身心靈工具有何不同？

九型圖系統的核心是意識流，我們可以透過其發現自己的意識組成、流動規律以及如何改變流動的方向。而「意識流」簡單來說就是一個人「思想與情緒的狀態」，因此，九型圖系統具有現代量子力學所強調的「心念的力量」，讓人有機會能夠快速躍入心流，達到自身想要的改變。

Q：九型圖可以看流日運勢嗎？

九型圖系統是意識訊息場，時刻都在輪轉變動，但都有規律可循，所以我們可以依據每日輪動的數字群，解讀出當日整個場域的意識主流，代表當日的「大趨勢」，進一步解讀出該趨勢對個人的影響。

Q：為什麼人格類型會是「封印」？不是說「天生我材必有用」嗎？

順著自己的人格去發展，怎麼又會是「封印」了呢？

在九型圖系統中，九型人格是每期靈魂累積形成的「意識型態」，在靈魂未覺醒的狀態下，人的意識形態是封閉與固著的，這就是所謂的「小我意識」。因此，在靈魂未覺醒時，九種人格類型會堅固成九種習氣模式，形成小我意識而難以打破。所以對於意識形態固著的人而言，人格類型就是一種「封印」。

其次，在九型圖系統中，雖然累世人格習氣會記憶某些「能力」，但是真正的天賦，必須要看九型藍圖密碼。最後，「天生我材必有用」這句話的主要意涵，我認為是真切地詮釋了九型圖系統的精神：每個人都是獨一無二的，因為每個人的意識成分比重都不盡相同。但最重要的是，我們得先瞭解自己。

Q：如何知道自己的表現是在「高維度」？

你的維度是隨著當下的意識層次而決定的，意識層次則與你經常所處的情緒頻率有密切的關係。比方說，恐懼、嫉妒、憤怒、貪婪、怠惰……科學界已經證明這些情緒的頻率較低，屬於低維的能量波。平靜、喜悅、勇氣、愛等情緒，則屬於高頻高維的能量波。當你經常處於某種情緒狀態，便會與該情緒產生共振，進而形成你所屬的維度。

第 二 部

九型藍圖密碼

是你此期的生命旅行指南

01
這一世你為何而來

● 生命不需要非得怎樣，但我還是希望你別錯過

　　從前面的業力故事我們理解到，每個人都有前世，甚至有人說不定已經輪迴上千百次了。

　　我們前世做過或「想做卻沒辦法做」的事，都會在我們的今生——這最相關的一世，以不同的方式顯現出來。有的人會延續前世的習氣；有的人會延續前世的渴望；有的人則來體驗前世加諸於他人的經驗……累世習氣會如同記憶一般儲藏在我們的意識裡，甚至烙印在細胞裡，當我們因為無明（即沒有發揮覺知力。無意識地隨著習慣運作，讓我們沒有真正的智慧）而掉入習氣慣性，就會輕易地被外在事物所引起的情緒與思緒拐走，落入前世的習氣模式，困在因習氣而牢不可破的業力循環

之中。

　　從九型人格的角度來解釋，當我們沒有保持覺知，就會被九種恐懼與慾望牽引，也就是被九種人格制約產生的心理反應所驅動。我們會落入舊有的意識形態與行為反應模式，重複寫著大同小異的人生情節，導致錯過、或是忘記了，甚至不敢去接受今生的生命藍圖。

　　然而，只要我們看見自我性格習氣，體認到這些都是「非今生所需」的前世遺留物，那麼，我們就可以**卸下這些今生不被需要的行李**，改以靈魂想要的方式去經歷這一期的生命旅程，同時重新準備好自己、提升自我。

　　我們應該都輪迴了很多次，每個人多多少少都累積了這九大恐懼與九大慾望，因此**每個人都具有九種人格習氣，只是比重不同，比重最大的就是你此期生命的大封印，一旦被引動，就會帶來相較於其他八種人格類型更多的箝制。**

　　既然每一期的生命都會累積一些恐懼與習氣，甚至是創傷，那我們為何還要不斷地回來呢？

　　這裡，我暫不去討論因果業力法則。簡單來說，我們的身體、心智、情感與能量，無時無刻不在運作，創造出一股力量、一種氛圍或是「勢」，等到天時地利人和的時候，就會「勢不可擋」了。既然是一股運作的力量，必然掀起或是產生某種相對的回應與結果。我們都是因緣而生的，因著累世的緣分而來地球走一遭。

　　但是，**我想強調的是「我們原本都是乾乾淨淨的」，只是累世的人生經驗，讓我們把一層又一層的意識形態與行為經驗堆積在自己身上，形成習氣個性。只要我們能夠在境遇來臨時，甚至在每一個當下，辨認出人格小我，那麼，我們就能不照舊有模式演出。**

　　所以，對於「這一生為何而來」的大哉問，我只是單純認定靈魂是

來學習、來自我提升的。所以，靈魂利用特定任務，讓人生有聚焦的重點；也安排了各項境遇，讓生命成為最佳的體驗場。因為要自我提升，靈魂也追尋更崇高的事物，祂們有神聖的渴望，有想要體驗的核心價值。**然而靈魂的「神聖渴望」，與九型人格中談到每一型人的小我「因核心恐懼而產生的核心慾望」，明顯是在兩個不同的維度層次上**，希望讀者們不要混淆了。滿足小我是讓人進入輪迴的主要原因。

在自我提升的進化過程中，靈魂的內在狀態會從小我的恐懼擔憂蛻變為信任自在，外在行為則從愛己蛻變為自然流露地愛他人。若是我們將其對應到唐・里索[1]建立的「九型人格健康度」學理中，那就是人格健康度往成長面的表現。

所以，這一生你為何而來，答案其實很簡單：**你來這世上，是為了活出你的靈魂想要體驗的人生，同時提升靈魂的維度**。只是，你要如何確實找出靈魂的神聖渴望、瞭解祂想要的是什麼，以及如何以人身意識與更神聖的場域對齊？

此外，儘管你的生命藍圖是根據累世經驗資料形成的安排，但是只要能夠處在覺知的狀態下，你仍然可以保有選擇要不要隨順生命藍圖的權利，當然，此時的你必也覺知到「愛你所選，同時也要為自己的選擇負責」。

其實，一旦理解了每個人都是宇宙意識的一部分，我們投身到地球的生命，確實不需要非得怎麼樣或是一定要成為什麼。每個人有自己的旅程規畫，當然也可以依照自己的步調行走人生。不需要比較、更不必督促批判。同時，既然我們都是「宇宙的一個片段」，既來之，則安之，盡情體會這一期的靈魂小旅行吧！同時，也別忘了友愛在旅途中遇見的萬事萬物，因為那都是我們內心的外顯。愛宇宙萬物就是愛我們自己！

● 你的名字是世間最短的咒語。

——陰陽師 安倍晴明

　　那麼，我們如何得知靈魂想要經歷的旅程是什麼呢？

　　從古至今，東西方的八字、紫微、星座……都在幫助人們看見自己與宇宙的關係、自己在宇宙裡的位置，以及自己在高維意識中的原型。當我們出生的那一刻，宇宙中遍布的能量落下在三維空間裡的縱向、橫向、與時間的指標上，三項交織，便成了我們靈魂的「能量幾何」，也可以說就是生辰八字。在西方有西洋曆，在東方有農曆表，都是幫助我們方便推算出生時的天地概況分布。甚至我們的名字，其實也是我們內在存有訊息的一種呈現！

　　古人觀星，天上星辰便是更高維度的能量，進入三維地球時空後的成像焦點，這些焦點其實都能夠對應到人體，甚至是更精確的穴位分布。此外像是「星座」，也就是某一組特定星群從宇宙中散發的能量，進入我們這個三維空間時，所構成的同一種類型的人。這些都是古人早已經有的研究成果。

　　同樣的，九型圖系統本身也是高維度的能量場域。例如，祂在第六次元的顯化是九型能量密碼（四個密碼組成一個神聖幾何圖形）。而當祂的能量訊息進入到三維空間時形成的聚像，就是我們傳統中使用平面的九型圖。你可以把平面版的九型圖看作是與高維空間連接的通道；你的九型人格類型，當你的靈魂開始覺醒時，便是你個人開啟高維空間的鑰匙！

---

1. 參考《九型人格全書》——p.24，唐·理查德·里索／拉斯·赫德森著，商周出版。

　　畢達哥拉斯發現了九型圖的高維奧祕，葛吉夫用九型圖解釋由三維轉向高維的路徑，依察諾受到靈感啟發導論出九型人格，而我則將九型圖的高維訊息做跨維度的分享。

　　然而，如果人們只是從自己習慣性的喜惡、自我主觀中對順逆境的標準，解釋生命中的一切境遇時，很容易就落入二元性的故事中，只看到眼前事物的短暫情況，而看不到永恆面。又或是掉入因果報應法則，被業力故事牽著跑。

　　因此，想要不落入宿命論中，去使用這些探究人與宇宙連動的工具，就必須對內在的小我有覺察的能力！而九型圖系統便是透過「九型人格密碼」、「九型藍圖密碼」、「九型能量密碼」與「九型意識密碼」，揭露個人的習氣模式，幫助大家保持自我覺察，回歸清明，體驗合一。

🌐 九型藍圖密碼，你的靈魂旅行指南

　　進入九型圖系統四個閘門之一的九型藍圖密碼，就像是你投胎前為自己規畫好的「靈魂旅行指南」，祂呈現的是每個人的預設組合，包含構成你此期生命的重要座標群。

　　你也可以把這份指南看作你的「人生使用說明書」，等待適當時機打開，讀取需要的資訊與啟動內建的天賦。當然，你更可以在全盤瞭解後，選擇只打開部分的、甚至完全不使用它，繼續你目前的道路或是你認定的人生。一切操之在己，你可以隨心所欲走過這一生，只要你是在覺知的狀態中，願意為自己的選擇負責，那麼你就不會迷路，更不會枉度此生。

　　每當我們沒有活在覺知中，因為無明恐懼而落入人格習氣時，就會

與靈魂失聯。經常失去聯絡的結果，我們與靈魂的距離就會愈來愈疏遠，最後根本忘記了祂，與此生想要體驗的規畫背道而馳。

　　在現代身心靈領域中，有很多方法可以幫助我們憶起靈魂、憶起自己。九型藍圖密碼幫助你瞭解這期生命為何來此，引領你閱歷生命計畫裡的各項元素。包括靈魂類型、使命、渴望、挑戰、天賦、力量、想走的路……並指出如何才能活出你想要的人生。不僅讓我們看見自己的習氣特質，進而學會接受自己，同時也讓我們得知此生的輪廓：害怕什麼、期望什麼、容易在哪裡迷失、哪一條路會最快且最順利地圓滿我們的生命。

　　在下一個章節中，我將會提供「九型藍圖密碼——體驗主題」的查詢表。如果你想計算出自己或是他人完整的四個九型藍圖密碼，建議可以參考「九型心光密碼 App」[2]（目前僅提供 Android 版本）。

---

2. 可至「胡挹芬‧九型心光密碼」官網參考：https://enneagramfield.blogspot.com。

九型藍圖密碼是你此期生命的旅行指南，包含下列四大訊息：

1. **體驗主題**：這是由你出生日當天的「生日九型光流」所指定，代表你的靈魂渴望在人間經歷或是學習的事情。另一種情況是你的靈魂想要分享出去的體驗，或是讓旁人透過你而學習到的經驗。後者的情況最常發生在親近的人際關係中，尤其是親密關係。我看過許多夫妻檔的體驗主題，是一方來幫助另一方完成體驗的。
2. **最強天賦**：這是你從累世積存下來的才華寶庫中，拿出來準備給今生使用的能力。從你今生的天賦可以追溯出你的靈魂故鄉！
3. **豐盛源頭**：如何獲得物質上與精神上的豐盛捷徑。然而，這也是你最容易不小心走岔路、迷失方向的地方。
4. **心靈導航**：這是你的心錨所在，每當你在現實生活中覺得好像卡卡的，就代表你正在脫離心靈的軌道。

02

找到你的生日九型光流，
那正是你靈魂的渴望

⬡ 有了靈魂，高維的神聖目的才得以開展

　　就我至今的認知，靈魂與肉身都是意識的載體。如果對物質界的人間一定要有個來龍去脈的說法，我目前採用的觀點是，靈魂是為了每期生命目的而從你的高維本源分裂出來的一小段，祂裝載了此生需要用到的、需要被療癒釋放的各種記憶與意識。而肉身則是靈魂要進入並體驗三次元物質界時必備的形體：因為五感和血肉之軀等設計，得符合物質界的遊戲規則。

　　如果你也相信宇宙是多維度的組成，甚至還有平行宇宙的存在，那麼你應該就能夠理解我接下來的論點：**在此時此刻的你之內，可以連結不同的次元，包含著眾多的意識層**。只是，你經常被無明與表象拐走，

失去了與內在多次元的連結，誤以為你只是這副肉體，你僅有這一期的生命。

每個人都是多重次元的組成，是散發許多光芒、光線的星體，也是有著許多顯化形式的意識體。在不同的次元、不同的時空中，靈魂藉著不同形式的載體，體驗不同的經歷。

這也代表，只要你願意揚棄線性時間的概念，不受心理時間的箝制，簡單說，就是不活在過去與未來，不被你的記憶與期望驅動，全神貫注於當下，但又不緊抓著這個隨即變成過去的當下，允許自己相信此刻就能夠透過意念轉化所有的意識，提升意識的維度，那麼你自然會進入內在最明亮的振動光芒中，串起在多重次元中的自己，回到清淨沒有包袱的本然狀態（還不能夠理解沒有關係，你依然能使用九型圖的智慧）。

所以，你就是內在真正的主人，是整個次元群的創造者，是讓整個世界存在的覺知。換句話說，因為你想體驗，所以才有了這一趟的地球之旅，有了那一幕幕的人生現場。

● 九道光流，是靈魂渴望體驗的九種主題

你的出生日期是你連結高維能量的密碼。在你出生的時候，宇宙中諸多能量在一瞬間重疊，形成了一個屬於你的高維源頭。這個高維源頭在不同的次元與信息場中有不同的投影與顯像。當這個高維源頭投影在我們這個三次元的時空，三維能量的分布就定型了、注定了。但是，**只要高維投影源的內容改變，祂投射在其他維度的影像也會跟著改變。**

所以，八字、紫微斗數、星座盤等各種自我探索工具，都是透過出生日期來解釋你的高維源頭投影下的能量分布。同樣的，你的高維源頭

投影在九型圖信息場時，也有屬於九型圖系統的「能量分布」。依據所在維度與解讀內容重點的不同，每個人在九型圖信息場上的顯影，可以分類成：1.九型人格密碼、2.九型藍圖密碼、3.九型能量密碼、4.九型意識密碼，四個面向來進行解讀。

　　而貫穿這四個面向的一個核心主軸就是——生日九型光流。生日九型光流是你出生時九型圖系統中的「值日光流」，我將祂解釋為：**你此生來地球的旅行主題**，也就是你的「體驗主題」。

　　每個靈魂來到這個世界都是來體驗與提升的，只是因為每個人有其不同的業力組合，比方說累世的習氣、與其他靈魂的能量糾結……常常讓我們偏離了主要道路。或許你也曾經有過相似的經驗：你很喜歡或是很想做的事，卻不是你正在經歷或正在做的；又或是你做了很多事，卻還是不清楚自己究竟喜歡或是想做什麼。

　　其實，喜歡做、想要做、甚至擅長做的，絕大部分都是「習氣」的慣性使然；而你生命中不斷進來的緣分，往往才是你靈魂想要體驗或學習的事情，只要你辨別出了背後的意涵，了結圓滿這一次的學習，接著就會啟動那些新的緣分與新的學習，進入你的生命中。

　　而生日九型光流正是指向你的「體驗主題」，幫助你直接看見，這一次你的靈魂到地球來究竟想要體驗什麼；同時，也揭示了你可以體驗到這個主題的捷徑。

　　此外，由於生日九型光流是與生俱來、嵌在你深層意識中的，因此，對主導人格類型還未明顯定型的孩童來說，光流特質可能就會比較明顯。所以，有些學員常說自己小時候的個性好像與長大後有差，有部分原因就是生日九型光流的特質，在我們童年期或是特別感到放鬆的時刻，會不經意地展現出來。

體驗主題查詢表

九大體驗主題	對應西元出生日期
藍空殿堂：星際之旅	12 / 28～1 / 27、5 / 14～5 / 28
金光殿堂：天使之旅	1 / 28～2 / 12、4 / 14～4 / 28、8 / 13～8 / 28
紫旋風殿堂：成就之旅	2 / 13～2 / 26、4 / 29～5 / 13
黃風鈴花殿堂：極樂之旅	2 / 27～3 / 13、8 / 29～9 / 12、10 / 13～10 / 27
靛眼淚殿堂：追心之旅	3 / 14～3 / 30、9 / 28～10 / 12、11 / 28～12 / 12
綠芽殿堂：盟約之旅	3 / 31～4 / 13、6 / 14～6 / 28
白火殿堂：英雄之旅	5 / 29～6 / 13、9 / 13～9 / 27、10 / 28～11 / 12
橙果殿堂：獨立之旅	6 / 29～8 / 12
紅土殿堂：合一之旅	11 / 13～11 / 27、12 / 13～12 / 27

◉ 高維九型圖的初登場
——九座殿堂掌管你的生日九型光流

在傳統的九型人格學中，九型圖上的每一點代表著某個特定型的人格類型。然而，在高維的九型圖信息場中，**九型圖上的每一點代表的是某一個特定的意識體或是能量團**。在我的理解中，九個能量團以九座殿堂呈現出來，同時也示現了九個殿堂圖騰。我想，這應該是九型圖想讓處在物質界的我們更容易親近祂吧！

接下來，我將概要介紹九型圖在高維的九個能量團——九座殿堂。大家可以將這九座殿堂想像成九型圖上的九個宮位、九個頻道，或是九個能量團。這九座殿堂有祂們自己獨特的能量場、核心特質、流轉法則，以及所對應的體驗主題。

【藍空殿堂——星際之旅】

藍空殿堂的圖騰　　　　　　　　　（瓶子老師繪製）

- 體驗主題：與自然同步；合一；空性
- 體驗方式：接觸宇宙等相關領域；允許事情自然發生；提升心靈的維度
- 誕生於藍空光流的靈魂：牛頓（Newton）、宮崎駿、史蒂芬・霍金（Stephen Hawking，宇宙科學家）、傑夫・貝佐斯（Jeff Bezos，亞馬遜創辦人）、聖嚴法師、證嚴法師、馬克・祖克柏（Mark Zuckerberg，臉書創辦人）

　「你主要不是來學習地球生活，而是要帶來新視野！
　　然而，在能夠分享你的新發現之前，
　　你得先體驗到什麼是與宇宙同步的喜悅。」

來自藍空殿堂的信息

如果說大自然是綠色，那麼天地的顏色就是藍色了。天空與大海是藍色，瀰漫在天與地之間的清晨薄霧和日間空氣，也帶著淡淡的藍色。藍色是世界的顏色，也象徵我們想向所處的世界、甚至向宇宙確認自己的身分與角色。所以，在九型圖上的「藍空殿堂」光流下出生的靈魂，**特別嚮往知性、真理、宇宙法則、與天地合一的全知境界。**

藍空光流的天生設定

專注、好奇、善觀察、邏輯思維、愛智的特質，是在藍空光流下誕生的靈魂天生內建的能力，主要目的是協助靈魂去體驗「神的思維」的人生。

藍空光流下出生的小孩，內在本質上具有我們所謂「外星小孩」的天性：腦力強大但體能稍弱、人際慢熱、身心敏感度高、情緒內抑或是不擅長表達情感；尤其對於大人的「高昂情緒」感到抗拒，甚至認為那些經常被各種情緒淹沒的大人們很幼稚。

不論這些藍空小孩在性格上的九型主導人格是哪一型，他們天生就具有比別人強的洞察力、聯想力、邏輯分析力與對數字和資訊的敏感度，只是有可能被主導人格類型封印而無法展現出來，甚至連自己也不知道自己原來有這樣的能力。

藍空小孩先天上是喜歡安靜的，當他們的個人性、尤其是個人空間與隱私受到尊重與保護時，就是藍空小孩能打開並使用藍空光流優勢的最佳狀態！

星際之旅的體驗清單

- 基礎體驗：去體驗如何在關係中扮演「旁觀者」、「隱士」、「我可以出主意，但不涉入」的角色。如果你的主導人格類型是第五型，那麼你要體驗的重點則在於：分享；不封閉自我的旁觀者。

- 進階體驗：生命中三不五時會有事件考驗你能夠多「敞開自己的心態與視角」。至於事件的大小，靈魂自有安排，祂不會給出超乎你能力的體驗。

- 高階體驗：尋找屬於你自己的宇宙真理，然後活出它。

- 對開啟你內在的藍空特質有幫助的事：多使用天藍色或淡淡的藍；親近大自然；接觸宇宙或神祕學相關領域……。

——當藍空人帶有第七型主導人格——

筱茹是一位出生在藍空光流下的「第七型——鬼才型」。由於靈魂封印在第七型，筱如自然具有「愛玩樂」、「及時行樂」、「三分鐘熱度」等第七型的人格慣性：常常說走就走的小旅行、愛好學習新鮮事物……同時，因為誕生在藍空光流，筱如尤其喜歡參加靈性成長課程或閱讀大量的靈性神祕書籍，這與一般寧願追逐世間快樂的第七型人就有明顯的不同了。因此筱如相信，自己已經圓滿了屬於藍空殿堂光流下出生的靈魂，想要追尋宇宙真理的渴望。

我不時會遇見像筱如一般的個案，因為本身內建的光流特質已經被開發出來，就自認為已經完成了靈魂的渴望。其實筱如的「渴望身心靈資訊」、「熱愛閱讀」等特質是生日光流賦

予她的潛在天線！很幸運地筱如已經自己發現並發揮出來。但是重點其實在於她是否實現了「體驗主題」。

　　以筱如為例，那些「熱愛身心靈資訊」的特質，只是來幫助她能夠做好前行準備，更完整、更有效率地經歷藍空殿堂的靈魂想體驗的「與自然同步」、「合一」、「空性」，這部分不是單從個人特質或是某些行為就能夠證明的，而是**要從整體心境與生活態度中去觀察驗證，是否完成了靈魂的渴望。**

　　　　──藍空殿堂的對頻練習：享受一個人去旅行──

　　想喚醒藍空光流內建能力的朋友，最快的方式是一個人踏上未知的旅程。如果你不是一個能享受單獨行動的人，那麼不妨先從「虛擬旅行」開始。你可以選定一個很想去的景點，然後閱讀該景點的旅遊書籍，或是上網瀏覽其他人在該景點的遊記。之後當身心覺得沒問題時，便可以進行簡短的半日遊或一日遊。此外，不妨先從接近大自然的景點開始，因為大自然是人類向高維對頻的好伙伴呢！

【金光殿堂——天使之旅】

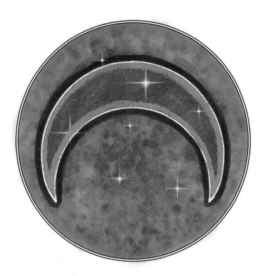

金光殿堂的圖騰　　　　　　　　　（瓶子老師繪製）

- 體驗主題：愛（包括愛與被愛）；付出與接受；小愛與大愛
- 體驗方式：走入人群；平等對待；以愛共振萬物
- 誕生於金光光流的靈魂：德蕾莎修女（Mother Teresa）、亞伯拉罕·林肯（Abraham Lincoln）、伊莉莎白二世（Elizabeth II，前英國女王）、歐普拉·溫芙蕾（Oprah Winfrey，脫口秀主持人）、李英愛、瓊瑤

　　「不論你是付出愛還是收穫愛，那都只是愛的方式，
重點是成為愛的本身！
人們只要看到你或是與你有連結，就能感受到愛的力量。」

來自金光殿堂的信息

看到金色，很多人可能馬上會聯想到金錢財富、權勢地位，金色其實也是佛教的顏色，代表多世累積而來的智慧，象徵與造物者合為一體的神聖之源。所以，在九型圖的「金光殿堂」光流下出生的靈魂，**特別嚮往人與人之間互相關懷、真摯溫暖的大愛境界。**

金光光流的天生設定

慷慨、體貼、活潑、慈悲、能夠同理支持他人、善於溝通交流的特質，是在金光光流下出生的靈魂天生內建的能力，主要目的是協助靈魂去體驗「探究愛的真諦」的人生。

金光光流下出生的小孩，內在本質上就具有以他人為主、忽略自己的傾向。同時，金光小孩喜歡「有同伴一起」的感覺，尤其喜歡鎖定一位他們心中認定的「偶像」，作為自己長大後的標準。

不論這些金光小孩在性格上的九型主導人格是哪一型，他們天生就具有比別人強的同理心、親和力、感受他人心情好壞的敏感度，並願意付出，只是有可能被主導人格類型封印而無法展現出來，甚至連自己也不知道原來自己有這樣的能力。

金光小孩先天上是渴望被愛與被注意的，當他們不會擔心被嘲笑軟弱，能夠放心發展內心溫柔感性的一面時，就是金光小孩能打開並使用金光光流優勢的最佳狀態！

天使之旅的體驗清單

● 基礎體驗：去體驗如何在關係中扮演「愛的傳達者」、「相信愛」、「我會出手幫助，但不指點」的角色。如果你的主導人格類型是第二型，那麼你要體驗的重點則在於：先照顧好自己身心需要；

不帶個人目的的服務者。

● 進階體驗：生命中三不五時會有事件考驗你能否「不帶目的地付
出」，或是「願意相信愛」。至於事件的大小，靈魂自有安排，
祂不會給出超乎你能力的體驗。

● 高階體驗：看見愛的種種面貌，然後活出它。

● 對開啟你內在的金光特質有幫助的事：金色系；做志工或是與人
多連結；接觸與大眾事物相關領域……。

——當金光人帶有第五型主導人格——

　　方美是一位出生在金光光流下的「第五型——觀察型」。
身為號稱「孤鳥」、視人際互動為壓力的第五型人，在獲知自
己的靈魂居然是來體驗「愛」這個主題，而且最快的方式是透
過「擁抱人群」時，她簡直不敢相信，甚至有點崩潰。哈哈！

　　大家看到靈魂的用心良苦了嗎？靈魂渴望與性格習氣的大
反差，在我的諮商室裡其實很常見！或許這就是投胎前靈魂的
苦心安排。因為你累世已經習慣了某種人格模式，所以，**靈魂
特別安排一個天差地遠的人生體驗希望你去經歷，藉這個過程
平衡你的習氣。**

——**金光殿堂的對頻練習：多吃天然或本身具有療效的食物**——

　　想喚醒金光光流內建能力，但是又不想馬上躍入人群的朋友，我提供這個藉食物來調整頻率的方法。畢竟不是所有人都喜歡跟人打交道，因此，先透過食物的頻率幫助我們活化身體細胞，讓整個人的氣場變得活潑開朗、祥和柔軟。已經有很多飲食醫學證實，天然少毒的食材，確實能夠淨化並提升個人磁場。

【紫旋風殿堂——成就之旅】

紫旋風殿堂的圖騰　　　　　　　　（瓶子老師繪製）

- 體驗主題：願力；努力圓夢；因夢想而偉大
- 體驗方式：表裡如一做自己；理想與現實之間的取捨與平衡
- 誕生於紫旋風光流的靈魂：瑪莎·葛蘭姆（Martha Graham，現代舞蹈創始人）、林懷民、艾克哈特·托勒（Eckhart Tolle，心靈導師）、麥可·喬登（Michael Jordan，籃球之神）、薩爾瓦多·達利（Salvador Dalí，超現實主義畫家）、史蒂夫·賈伯斯（Steven Jobs，蘋果創始人）、大衛·貝克漢（David Beckham，足球金童）

> 「傾聽內心的聲音，做你最想做的事；
> 回應內在的真心，全力成就你自己！」

來自紫旋風殿堂的信息

只要提到靈性之光，紫色一定是馬上被大家提及的光芒。在物質界中，紫色也擁有讓眾人仰望的高度——貴族的顏色。所以，在九型圖上的「紫旋風殿堂」光流下出生的靈魂，**特別嚮往既優雅出眾又成功達陣、物質與靈性皆圓滿的通天境界**。

紫旋風光流的天生設定

自信、樂觀、積極、熱忱、精明、效率高的特質，是紫旋風光流下出生的靈魂天生內建的能力，主要目的是協助靈魂體驗「有願就能成就」的人生。

紫旋風光流下出生的小孩，內在本質上具有一種自我優越的傾向，榮譽感很強，不自主就會與其他小孩比較。而因為每個紫旋風小孩的九型主導人格類型不盡相同，個性活潑的會想辦法要贏過他人，個性內斂的則傾向把不服輸的情緒轉向成離群、孤傲。

　　不論這些紫旋風小孩的主導人格是哪一型，他們天生就具有比別人強的應變力、抗壓力，以及知道如何才能快捷達成目標的敏感度，只是有可能被主導人格類型封印而無法展現出來，甚至連自己也不知道自己原來有這樣的能力。

　　紫旋風小孩先天上是渴望展現自己、想要被欣賞讚美的，當他們能夠專注、不受他人影響地投入自己想要或喜歡的事情時，就是紫旋風小孩能打開並使用紫旋風光流優勢的最佳狀態！

成就之旅的體驗清單

● 基礎體驗：去體驗如何在人生舞台上從容展現「明星般的存在」、「成為自己的粉絲」、「我很搶眼，但不炫耀」的角色。如果你的主導人格類型是第三型，那麼你要體驗的重點則在於：找回那個不需要他人掌聲的你；在達成願力人生之前，你得先體驗什麼是「不帶目的」與人交往。

● 進階體驗：生命中三不五時會有事件考驗你是否「擁有清楚的人生目標」，或是「正朝著夢想一步步前進」。至於事件的大小，靈魂自有安排，祂不會給出超乎你能力的體驗。

● 高階體驗：擁抱自己的種種面相，然後活出它。

● 對開啟你內在的紫旋風特質有幫助的事：紫色系；設定目標且完成後的成就感；讓自己被更多的人「看到」……。

──當紫旋風人帶有第八型主導人格──

　　小刀是一位出生在紫旋風光流下的「第八型 ── 指揮型」。身為號稱「山霸王」的第八型人，向來是直來直往、不愛造作修飾的，在獲知此期生命的體驗主題是「願力」，而且要「表裡如一」做自己時，他直呼太簡單了！因為，講到「意志力」、「做自己」，他認為這沒人比得上意志最堅定的八型人啦！

　　但我還是冒著被罵的風險提醒暴躁的八型人，建議他要學著優雅、有貴族氣度地展現自己美好的一面。優雅的風範是八型人得花力氣去參透、學習的，因為重實際的八型人沒心思顧及風花雪月、好看卻不堪用的優雅。此外，**「願力」不僅僅是意志力，它其實還有更上一層的意涵：要做你真正喜歡做的事，那是真正面對自己的真心後，靈魂所想要做的事情。**

──紫旋風殿堂的對頻練習：學習欣賞真正的自己──

　　想喚醒紫旋風光流內建能力的朋友，最重要的就是開始探索「什麼是真正的自己」。每一個人都應該喜歡自己，這個自己不是別人眼中的你，而是本來的你，是那些「你原本已經具有的，不是外界附加的」特質。比方說，你最喜歡做的事、你認為自己最有魅力的地方、你最拿手的事……。

【黃風鈴花殿堂——極樂之旅】

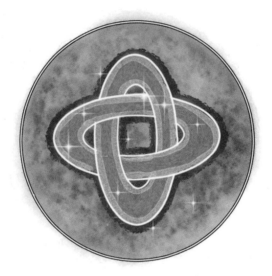

黃風鈴花殿堂的圖騰　　　　　　　　（瓶子老師繪製）

- 體驗主題：探索；遊戲；自由意志
- 體驗方式：熱烈參與生命中的一切；打破規則、如孩子般在世間嬉戲
- 誕生於黃風鈴花光流的靈魂：馬雲、郭台銘、李安、畢卡索（Picasso）、球王比利（Pele）

「你的心量有多大，任你遨遊的天地就有多大！
祕密就在如花搖曳般地放輕鬆，不求永遠美麗，只願當下絢爛。
人生，開心就好！」

來自黃風鈴花殿堂的信息

在一片鮮豔色海中，依舊能夠抓住眾人視線的非黃色莫屬了。黃色是最搶眼的顏色，也代表九型圖循環法則在黃風鈴花殿堂的位置注定亮眼，同時也必然會引起觀者的注意，因為九型圖循環到這個位置時，就是需要被愉快地看見、被眾人滿懷希望地期待。所以，在九型圖上的「黃風鈴花殿堂」光流下出生的靈魂，**特別嚮往自由自在、充滿浪漫夢想與無限可能的正向境界。**

黃風鈴花光流的天生設定

開朗、樂觀、外向、幽默、多才多藝、有鑑賞力與想像力、能夠帶來歡愉與希望的夢想家特質，是黃風鈴花光流下出生的靈魂天生內建的能力，主要目的是協助靈魂體驗「探究充滿無限可能」的人生。

黃風鈴花光流下出生的小孩，內在本質上就具有滑溜、人來瘋、古靈精怪小聰明的特質。黃風鈴花小孩喜歡搞笑，天生有當喜劇演員的潛力。他們喜歡往外跑，所以許多黃風鈴花的大人，就算九型主導人格類型屬於喜歡有人作伴的個性，在內心裡總還是有一股如野馬般想掙脫韁繩的衝動。

不論這些黃風鈴花小孩的主導人格是哪一型，他們天生就具有比別人強的想像力、渲染力、讓自己開心的敏感度與可以找到生活的樂趣，只是有可能被主導人格類型封印而無法展現出來，甚至連自己也不知道自己原來有這樣的能力。

黃風鈴花小孩先天上渴望感官快樂、玩心重、愛表演、想把大家拉進他的幻想世界一起冒險找刺激。當他們能夠以自己的感覺為優先，開心過好每一天時，就是黃風鈴花小孩能打開並使用黃風鈴花流優勢的最佳狀態！

極樂之旅的體驗清單

● 基礎體驗：去體驗「讓自己快樂不需要理由」、「為大家帶來歡
　樂」、「我很自由，但不是自私」的角色。如果你的主導人格類
　型是第七型，那麼你要體驗的重點則在於：別執著於「一定要快
　樂」，因為那是痛苦的開始。

● 進階體驗：生命中三不五時會有事件考驗你是否「懂得放鬆自己，
　能夠享受變化，抱持如玩遊戲般認真但不當真的心態」。至於事
　件的大小靈魂自有安排，祂不會給出超乎你能力的體驗。

● 高階體驗：體悟到人生如夢如戲，然後活出它。

● 對開啟你內在的黃風鈴花特質有幫助的事：黃色系；保持嘴角上
　揚，每天笑上幾回；以自己是否感到開心為優先考量……。

──當黃風鈴花人帶有第四型主導人格──

　鎮杰是一位出生在黃風鈴花光流下的「第四型──多感
型」，這是九種人格類型裡面最纖細、最強調內在感受、最在
意形象，也是最容易易傷感的人格類型；然而，他的靈魂想體
驗的，卻是歡樂無憂、無拘無束、放手一切去探索無限可能
的人生。

　在九型人格裡，每當遇到這種兩極的組合，不論是發生在
個人的九型解讀，或是兩個人的九型合盤，我都會半開玩笑說
這是「神鬼奇航」！因為，這是吸引力超強的一對，但也是很
快決裂的一組，畢竟彼此最想要逃避的黑暗面，正巧都是對方
的顯性面。

　　所以當我看到鎮杰的組合時，不禁再一次佩服高維的安排！祂一定太清楚鎮杰的第四型「敏感」、「矜持」、「容易卡在自我美好想像」的人格封印，所以才刻意安排這一世來體驗什麼是「無拘無束」、「放下身段盡量去活」！

──黃風鈴花殿堂的對頻練習：開放的心，讓生活不時出軌──

　　想喚醒黃風鈴花光流內建能力，保持一顆開放的心是最基本的配備。九型圖在這個點上就是要拿出遊戲的心境、發揮天馬行空的想像力！生活中的例行公事常常扼殺了我們體驗玩樂的機會、麻痺了內在的赤子之心。所以，三不五時提醒自己放縱一下、任性一次，給生活製造一些驚喜吧！

【靛眼淚殿堂──追心之旅】

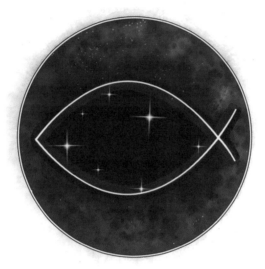

靛眼淚殿堂的圖騰　　　　　　　　　　（瓶子老師繪製）

● 體驗主題：本心
● 體驗方式：讓心帶領；找回初心
● 誕生於靛眼淚光流的靈魂：三毛、聖雄甘地（Gandhi）、一行禪師、鄭愁予、華特・迪士尼（Walt Disney）、勒・柯比意（Le Corbusier，建築大師）、日本雅子皇后

「跟隨你的心，請勇敢表達你的真實感受，
即使要躍入情緒的浪潮也要無所懼！」

來自靛眼淚殿堂的信息

靛色是古代日本皇室的顏色，皇室的衣袍多以靛色印染。因此，靛色不僅是尊貴與權力的象徵，在身心靈領域，也是所謂「第三隻眼」的力量來源，照亮自我開悟的道路。所以，在九型圖上的「靛眼淚殿堂」光流下出生的靈魂，**特別嚮往充滿直覺、感性、藝術、真誠、美感的靈光神祕境界。**

靛眼淚光流的天生設定

敏感、情感豐富、充滿同理心、追求美的真諦、努力表達真實自我的特質，是靛眼淚光流下出生的靈魂天生內建的能力，主要目的是協助靈魂體驗「心力量」的人生。

靛眼淚光流下出生的小孩，內在本質上有一種不甘於平凡的心態，希望體驗「被特別對待」的感覺，這也讓靛眼淚小孩天生有一種貴族的驕氣或是脫俗的氣質。

不論這些靛眼淚小孩的主導人格是哪一型，他們天生就具有比別人強的幻想與創造力、心靈連結力、對各種情緒的敏感度，只是有可能被主導人格類型封印而無法展現出來，甚至連自己也不知道自己原來有這樣的能力。

靛眼淚小孩先天上厭惡虛偽、渴望能夠坦露真心、活出自己真實的樣貌、過著與眾不同的人生。當他們願意表達自己的不安、自在展現內在的各種情緒時，就是靛眼淚小孩能打開並使用靛眼淚光流優勢的最佳狀態！

追心之旅的體驗清單

● 基礎體驗：去體驗「心被情緒充滿的狀態」、「擁有個人風格」、「我可以感性，但不任性」的角色。如果你的主導人格類型是第四型，那麼你要體驗的重點則在於：擁抱情緒，又能夠超越情緒。

● 進階體驗：生命中三不五時會有事件考驗你是否「依著心前進，還是被大腦掌控」。至於事件的大小靈魂自有安排，祂不會給出超乎你能力的體驗。

● 高階體驗：發現你內在強大的直覺力，然後活出它。

● 對開啟你內在的靛眼淚特質有幫助的事：靛色系；試著從事某種創作；靜坐冥想等心靈練習……。

————當靛眼淚人帶有第二型主導人格————

　　Debbie 是一位出生在靛眼淚光流下的「第二型——服務型」。朋友間暱稱她「以客為尊」，因為她那第二型人體貼、主動關懷他人、很願意滿足大家需要的親切特質，實在太讓朋友們印象深刻。Debbie 很喜歡在社群團體分享她的生活照。她家的裝潢雖然走低調奢華風，有點冷調性，但是日常使用的餐具卻走溫馨家庭路線，很有市集親切小攤的 fu。

　　Debbie 自我調侃或許這是身為第二型人天生有營造家常氣氛、媽婆味道的本事吧！而我倒覺得這是她內建的靛眼淚光流——內斂但又想親近人，反映在她的居家裝潢層面呢！

——靛眼淚殿堂的對頻練習：多多接觸藝術領域——

想喚醒靛眼淚光流內建能力的朋友，不妨多培養自己的藝術喜好與品味。選擇一門你喜歡的藝術，然後由淺入深地進入其中。你可以透過這門藝術表達你對某些人事物的感受、某個時刻的感覺或啟發，甚至是對人生或對萬事萬物的想法。當然，你也可以選擇單純地親近藝術就好：逛逛美術館、聆聽音樂會、閱讀相關書籍、報名相關課程……都是不錯的起步喔！

【綠芽殿堂——盟約之旅】

綠芽殿堂的圖騰　　　　　　　　　（瓶子老師繪製）

● **體驗主題：相信；信任；把自己交出去**
● **體驗方式：合作；找到志同道合的朋友；一起為某個目標打拼**
● **誕生於綠芽光流的靈魂：珍・古德（Jane Goodall，人類學家・環保主義者）、海倫・凱勒（Helen Keller）、伊隆・馬斯克（Elon Musk）、巴哈（Bach）**

「你和你的夥伴們之前說好了，要在地球碰面，一起圓夢！」

來自綠芽殿堂的信息

綠色是大自然的顏色，不僅讓人感到安心放鬆，綠色本身也象徵一種欣欣向榮、朝氣蓬勃、活力生長的意涵。所以在九型圖上的「綠芽殿堂」光流下出生的靈魂，**特別嚮往互相支持、親和友愛如家人一般，又能夠各自獨立做自己的真誠團隊。**

綠芽光流的天生設定

忠誠、守法、負責、待人熱忱、認真工作、團隊性的特質，是綠芽光流下出生的靈魂天生內建的能力，主要目的是協助靈魂體驗「信任與合作」的人生。

綠芽光流下出生的小孩，內在本質上有「很想做自己，但又不想讓大人失望」的傾向，他們在「做自己」與「聽話服從」之間來回擺盪。因此，理解綠芽小孩們想要「破芽而出」的叛逆心，不時讓他們「有做自己的空間」，抒解內心對權威的不滿情緒，對維持與綠芽小孩的和諧關係是非常重要的。

不論綠芽小孩的主導人格是哪一型，他們天生就具有比別人強的家庭凝聚力、團隊向心力、對威權壓迫的敏感度，只是有可能被主導人格

類型封印而無法展現出來，甚至連自己也不知道自己原來有這樣的能力。

綠芽小孩先天上容易受不確定感影響，所以他們習慣被「確定」、「穩定」的感覺吸引。當他們身處在感到安全的環境中，或是有他們信任的夥伴一同前進時，就是綠芽小孩能打開並使用綠芽光流優勢的最佳狀態！

盟約之旅的體驗清單

● 基礎體驗：去體驗「成為團隊中的一份子」、「與理念相同的夥伴一起工作」、「我可以跟從，但不是盲從」的角色。如果你的主導人格類型是第六型，那麼你要體驗的重點則在於：相信自己；把自己交付給自己。

● 進階體驗：生命中三不五時會有事件考驗你是否「願意敞開心去相信」，或是「用心善待你的隊友」。至於事件的大小，靈魂自有安排，祂不會給出超乎你能力的體驗。

● 高階體驗：信任宇宙這位終極夥伴，然後活出它。

● 對開啟你內在的綠芽特質有幫助的事：綠色系；不要管他人怎麼想，誠實回應你心中的感覺；多和談得來或有共同理想的朋友待在一起……。

──當綠芽人帶有第六型主導人格──

薇薇出生在綠芽光流，本身剛好是「第六型——矛盾型」，有時也會遇到這種生日九型光流與人格封印相同的組合。薇薇有點擔心這樣的組合是否意味考驗也是雙重的？

我個人倒認為這是薇薇的高維很慈悲，只給她出一道功課！一般人既要開發光流的內建能力以圓滿靈魂的渴望，又要破除人格封印。而薇薇只要好好照顧自己的人格健康度，這樣一來既能破解人格封印，二來又能開發內建能力，真的是一舉兩得！當人格封印被破解時，更容易能滿足靈魂渴望呢！

──綠芽殿堂的對頻練習：多結交新朋友──

想喚醒綠芽光流內建能力的朋友，最快速的方式是多多與陌生人友善交流。一抹微笑、一個眼神、一句問候⋯⋯都能夠灌溉你內在的綠芽光流種子。若是能夠經常認識新朋友那就更好不過了！你非常需要找到你的地球家人，組成你的靈魂旅行團隊，在自我提升的道路上彼此鼓勵支持。

【白火殿堂──英雄之旅】

白火殿堂的圖騰　　　　　　　（瓶子老師繪製）

- 體驗主題：使命；理想
- 體驗方式：成為自己或他人的模範；建立某種新模式或里程碑
- 誕生於白火光流的靈魂：孫文、蔣中正、馬丁‧路德（Martin Luther）、安妮‧法蘭克（Anne Frank，《安妮日記》〔Het Achterhuis〕作者）、奧古斯特‧羅丹（Auguste Rodin，藝術家）、比爾‧蓋茲（Bill Gates）、侯友宜

「一生懸命。找到此生可以奮戰的目標，全力投入！」

來自白火殿堂的信息
當所有的光融合在一起的時候會得到純潔的白色光，白色光芒是超

越個人靈魂而存在，象徵宇宙的力量。所以，在九型圖上的「白火殿堂」光流下出生的靈魂，**特別嚮往神聖美好、改革創新、樹立模範、能夠為大眾帶來某種美好事物的至善境界。**

白火光流的天生設定

自律、負責、誠實、公正、願意為理想全心奉獻的特質，是白火光流下出生的靈魂天生內建的能力，主要目的是協助靈魂體驗「具有使命感」的人生。

白火光流下出生的小孩，內在本質上有完美主義、愛挑剔、很難滿意的傾向。然而，因為每個白火小孩的九型主導人格類型不盡相同，所以「很難滿意」的心態催發出來的行為也就因人而異。

如果他的主導人格類型是三、七、八型的，他就會催促、壓迫周圍的人達到他的標準。若是一、二、六型的白火小孩，會先逼自己做到完美。但如果是四、五、九型的白火小孩，則會挑戰這個標準。四與五的白火小孩會想要做出與標準「不一樣」的新境界，而九的白火小孩會在內心不以為然，但行為上還是配合。

然而，不論白火小孩們的主導人格是哪一型，他們天生就具有比別人強的執行力、自我驅策力、知道如何才可以做得更好的敏感度，只是有可能被主導人格類型封印而無法展現出來，甚至連自己也不知道自己原來有這樣的能力。

白火小孩先天上容易受「雜亂」的磁場干擾，所以他們習慣被「確定」、「穩定」的感覺吸引。當他們身處在有清楚規範可循、賞罰分明、是非清楚、甚至乾淨整齊的環境中，或是感受到被信任而賦予某些責任的情境下，就是白火小孩能打開並使用白火光流優勢的最佳狀態！

英雄之旅的體驗清單

- 基礎體驗：去體驗「與別人分享經驗或所學」、「發出正義真理的聲音」、「我正直，但不憨直」的角色。如果你的主導人格類型是第一型，那麼你要體驗的重點則在於：存疑你從小堅信的事情，分辨哪些是別人的信念、哪些是你的主觀，而剩下的真的是真理嗎？

- 進階體驗：生命中三不五時會有事件考驗你是否「背離了原本想做某件事的初心」、「看見事情更理想的狀態」，或是「發現達成使命的其他替代道路」。至於事件的大小，靈魂自有安排，祂不會給出超乎你能力的體驗。

- 高階體驗：體悟到萬事萬物本已完美，然後活出它。

- 對開啟你內在的白火特質有幫助的事：白色系；找件一直想完成的事，然後訂下時間督促自己完成它；試著不去設限……。

──當白火人帶有第九型主導人格──

　　安華是一位出生白火光流下的「第九型──溫和型」。身為號稱「慢郎中」的第九型人，習慣懶散的她非常驚喜自己居然擁有自律甚嚴的內建能力，因為她向來喜歡輕鬆的步調，總是很羨慕那些能控制自我慾望的朋友們。不過她也向我表示有點苦惱，因為自律、嚴謹這些都不是她的風格，甚至會讓她感到緊張。

　　大家看到了嗎？安華的「小我」開始反擊了。「那不是我的風格！」這是來自小我的聲音。

人格類型本來就是累世的封印，讓你有一套習以為常的分別機制：「這是我，這不是我；我要這個，我不要那個。」同時我也趕緊提醒她，她的靈魂想體驗的是「有使命感」的人生，自律這項特質是來幫助她達標的。重點是在「使命感」而不是「自律甚嚴」，千萬不要誤以為「只要我自律，我的靈魂體驗就完成了」。而是自律能夠幫助你更貼近或更有效率地去體驗「充滿使命的人生」是怎麼一回事。

──白火殿堂的對頻練習：讓生活更簡單──

想喚醒白火光流內建能力的朋友，不妨嘗試「修剪」一下生活。以適合自己的「斷捨離」方式，過濾掉不需要的人事物，或是排除複雜的瑣事，只專注在非做不可的事情上，並且落實行動。這麼做是為了把你的能量從無關或無益的地方拿回來，將這些寶貴的能量投注在真正值得的地方。

【橙果殿堂——獨立之旅】

橙果殿堂的圖騰　　　　　　　　　　（瓶子老師繪製）

- 體驗主題：我是誰
- 體驗方式：走出自己的路
- 誕生於橙果光流的靈魂：第十四世達賴喇嘛、張忠謀、戴安娜王妃（Diana）、理查·布蘭森（Richard Branson，英國億萬富豪）、大谷翔平、莫迪利亞尼（Modigliani，表現主義代表畫家）、亨利·福特（Henry Ford）、張小燕、李嘉誠、柯文哲

「不論世界給你什麼，不管別人怎麼說，
選擇你的路，大聲宣告你是誰！」

來自橙果殿堂的信息

橙色是豐收的顏色，也是活力、力量、集合眾人之力的顏色。所以，在九型圖上的「橙果殿堂」光流下出生的靈魂，**特別嚮往能發揮一己之力，或是集結眾人之力成就某個結果的聖戰士境界**。此處以聖戰比喻，是因為在這個光流下出生的人，其人生都有一場硬仗等著他們勇敢地舉旗前進。這場聖戰不見得攸關生死，規模大小也因人而異，主要是一種「自我挑戰」或是「自我推翻再重建」的概念。

橙果光流的天生設定

強悍、自信、直接、意志力堅定、追求公平正義並勇於保護弱小，是橙果光流下出生的靈魂天生內建的能力，主要目的是協助靈魂體驗「大聲宣告我是誰」的人生。

橙果光流下出生的小孩，內在本質上有不服輸、不妥協、不看場合的高自主性，以及就是想要唱反調、沒有理由地堅持自己不和別人同調。

不論橙果小孩們的主導人格是哪一型，他們天生就具有比別人強的爆發力、意志力、是否被人操控的敏感度，只是有可能被主導人格類型封印而無法展現出來，甚至連自己也不知道自己原來有這樣的能力。

橙果小孩先天上不喜歡被管束、受制他人，很想打造能夠展現自我力量的作品或經歷。所以，他們容易被「能夠挑起激烈情感」、「必須費力去征服」的生命情境吸引。當他們被允許打破限制、汰舊創新，甚至可以推翻威權，就是橙果小孩能打開並使用橙果光流優勢的最佳狀態！

獨立之旅的體驗清單

● 基礎體驗：去體驗「我的事我說了算！」、「別人的事也是我說了算！我會擔起相對的責任！」、「我可以很霸氣，但也能大器」的角色。如果你的主導人格類型是第八型，那麼你要體驗的重點則在於：強人也可以有血有淚。當你承認自己也會受傷，你的內心已然更強大。

● 進階體驗：生命中三不五時會有事件考驗你是否「為了自己堅持拚搏，展現出自我的力量」。至於事件的大小，靈魂自有安排，祂不會給出超乎你能力的體驗。

● 高階體驗：體悟到你就是自己生命的主人，然後活出它。

● 對開啟你內在的橙果特質有幫助的事：橙色系；找一件事，然後全力以赴；找個對手，認真玩一場能分出輸贏的遊戲……。

——當橙果人帶有第一型主導人格——

　　金兒是一位出生在橙果光流下的「第一型——正確主義型」。在九種人格類型裡，我向來認為第一型與第八型的個人氣場最強大！因為，他們是天生最能夠堅持自我立場、意志力堅強的一群人。而當一個人的氣場愈強大，愈需要守護自己的心念。因為若是能讓心念對齊在高維意識，那麼正向加上大氣場，就能夠以正向的方式影響更多的人。

　　金兒就是這樣一位氣場強大、對社會群體又十分有使命感的堅定者。從還在大學讀書的時候開始，她就選定要以老人服務為職業方向。她竭力說服家人的疑慮、不去比較同儕間的收

入成就、減少個人玩樂時間……積極投入老人照護的公益事業領域。在外人看來，她的工作辛苦，不僅耗心神也相當耗體力。但是金兒雖然累，每天依然活力充沛，她說，因為她每天都在享受非凡寶貴的生命意義，那是她靈魂的充電來源！

　　每次看到金兒的社群貼文，我都忍不住讚嘆，也感受到她靈魂的無限喜悅！這個靈魂已經體驗到以自己的方式，宣告「我是誰」！

──橙果殿堂的對頻練習：穿著打扮散發穩重與力量的氣息──

　　想喚醒橙果光流內建能力的朋友，有一個極為簡單與快速的方式，就是從穿著打扮方面去調頻。「架勢十足」、「氣場強大」是點燃你 DNA 裡橙果光流的火把！所以，能夠凸顯個人氣勢、剪裁大器但不高調張揚的設計，同時穿起來要讓你能夠自由地擺動身體，不會侷限肢體大幅度的動作為上選。

【紅土殿堂──合一之旅】

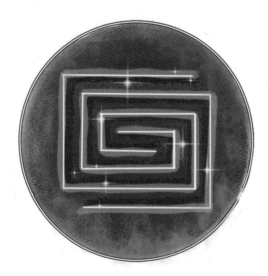

紅土殿堂的圖騰　　　　　　　　　　（瓶子老師繪製）

- ●體驗主題：共時性；你與宇宙的頻率是一致的，你想什麼就會來什麼；宇宙想給你什麼，你也可以收得到
- ●體驗方式：臣服
- ●誕生於紅土光流的靈魂：李小龍、卡內基（Carnegie，人際關係學大師）、史帝芬‧史匹柏（Steven Spielberg）、莫內（Monet）、幾米、木村拓哉

「宇宙不會犯錯！」

來自紅土殿堂的信息

肥沃的紅土壤是最富生命力與行動力的靈性基地，不僅包容萬物，

同時還能夠供養萬物。所以,在九型圖上的「紅土殿堂」光流下出生的靈魂,**特別嚮往外在寧靜內在卻充滿生機、沉潛中仍在汩汩流動、陰陽融合動靜皆自在的境界。**

紅土光流的天生設定

溫和、包容、謙虛、親切、穩定、有耐心、恬淡自得的特質,是紅土光流下出生的靈魂天生內建的能力,主要目的是協助靈魂體驗「與宇宙共振」的人生。

紅土光流下出生的小孩,內在本質上有容易滿足、平安就是福的心態,因此儘管他們的九型主導人格類型,可能是強勢或極具行動力的,但紅土光流的渴望安定,多少會緩衝主導人格特質的侵略性與積極度。

紅土小孩們天生就具有比別人強的統合力、續航力、對造成衝突與不安來源的敏感度,只是有可能被主導人格類型封印而無法展現出來,甚至連自己也不知道自己原來有這樣的能力。

由於先天容易被不穩定感或疏離感影響,所以,紅土小孩習慣被「和諧氣氛」或是「家的感覺」吸引。當他們在一團和氣的氛圍下,或是當他們能夠完全融入某個團體中,就是紅土小孩能打開並使用紅土光流優勢的最佳狀態!

合一之旅的體驗清單

● 基礎體驗:去體驗「當一個隱形人,即使你有很多想法」、「什麼都好的沒問題先生/小姐」、「我很隨和,但我不會附和」的角色。如果你的主導人格類型是第九型,那麼你要體驗的重點則在於:真正認識你自己;別人沒有比你更重要。

● 進階體驗：生命中三不五時會有事件考驗你是否「發現宇宙送來的同步信號」、「安住在風暴中」、「忘了可以偷懶」。至於事件的大小，靈魂自有安排，祂不會給出超乎你能力的體驗。
● 高階體驗：體悟到人生不一定非要怎麼樣，然後活出它。
● 對開啟你內在的紅土特質有幫助的事：紅色系；發現無所事事的快樂；為自己打造一個專屬放鬆空間……。

──當紅土人帶有第三型主導人格──

紅土殿堂在三次元人間的顯化是「第九型──溫和型」，而我的一位學員冠宇是出生在紅土光流下的「第三型──社交型」。學習過九型人格的朋友應該都知道，第三型與第九型之間，剛好有一條「凋零──成長」的連線，這是指當第三型人的人格健康度開始下滑時，會出現第九型人不健康的特質：頓失鬥志與行動力，開始怨天尤人。

因此，冠宇感到有些疑惑，他的人格封印是第三型，靈魂怎麼會為他內建第九型的特質呢？那不正是第三型的不健康走向嗎？

這裡要提醒大家的是，**靈魂為你內建的當然是高維的屬性，也就是正面健康的特質**。所以，溫和、包容、謙虛、穩定……都是高維屬性，這些正向的內建特質等待著冠宇去體會、去發掘！我們每個人都有內建的高維屬性，除了原本的人格封印特質外，高維屬性是我們內在等待被認出、被使用的正向力量！

——紅土殿堂的對頻練習：為自己創造一個特殊的儀式——

想喚醒紅土光流內建能力的朋友，可以每天固定進行某個活動，幫助你達到安定與放鬆的頻率。例如在晨起或是睡前試試靜坐、唸誦喜愛的經文、詩句，或是午間散步、晚餐後閱讀等。儀式可大可小，可簡單也可有點繁複，端視個人喜好。可以一天一次，或是一個禮拜一次，重點是讓自己定期返回穩定安心的頻率，與紅土光流共振。

◉ 僵化的人格，讓我們無法回應靈魂的渴望

在投胎前，靈魂已經設定了祂想要體驗的人生主題，但是由各種習氣與意識組合的我們，往往會卡在僵化的小我（人格意識）產生的情緒裡，無法活出此生的設定。

其實，小我（人格意識）不需要被排除，它有其存在的必要。小我的人格機制，讓我們能夠以獨立個體的身分與他人相處，融入團體。因此，小我從來就不是問題。有問題的是我們過度執著於它，堅持要符合它才是對的，所有不符合的都不被我們允許。

就這樣，我們將自己陷入小我之中，給自己諸多的無形限制，被人格慣性制約而不自知，把自己關進人格牢籠卻誤以為在「忠於做自己」。

當我們執著於小我的人格意識，就會產生種種情緒。情緒的本質上是一種能量波，是一種「事情不應該是這樣的」，或是「一方無法理解另一方」的能量表達。每個人都是以自己的人格意識機制應對外在世界，習慣以自己的角度理解他人。問題是，每個人的人格意識組合都不相同，

經常會發生覺得被誤解或是不理解對方的情況。在這個過程中，就很容易產生種種情緒與對抗。

比方說，「第六型——矛盾型」的人比其他八種人容易杞人憂天，當他發現自己的設想並沒有獲得其他人的認同時，一種「為什麼如此？」的感覺就會讓第六型人產生擔憂與恐懼。

如果類似的情緒能量波沒有被適時排解，日積月累之後就會形成一個充滿焦慮擔憂與恐懼的情緒黑洞，它的力量愈來愈大，最後主宰了日常生活的大小決定。一旦「第六型——矛盾型」的情緒黑洞形成後，他們做任何事、下任何決定都很容易受到恐懼的驅動，而不是依照內心的真正意願。

淤塞的情緒能量會讓我們失去清明的心，失去與內在真我的連結，也就無法活出靈魂的渴望。因此，找出九型人格密碼，並且依據自己的九型藍圖密碼開發已經內建的光流能力，下載、安裝天賦程式，接上豐盛之流，時刻與心靈 GPS 對頻，將能夠大大幫助我們活出靈魂的渴望，圓滿此期的生命藍圖！

03

圓滿今生，
你還需要天賦、豐盛，
與靈性引導

　　找到你今生想要體驗的主題後，接下來便準備好開展此期的生命藍圖了。首先，你需要開啟的是你的最強天賦，那是你唾手可得的潛能，讓你能順利體驗今生主題的神助力。

　　其次，為了有充分的資源可以在旅途上使用，有物質財也有智慧財幫助自己圓滿今生的夢想與任務，你需要引入豐盛之流，讓物質層面與精神層面能夠協調一致，這樣你就不會因為擔憂生存條件，無法回應來自真我的召喚。

　　最後，想要不迷路、不繞遠路完成生命藍圖，你還需要靈性上的指引，讓自己在低潮或是高峰時，都能夠記得自己是誰，不會因為外境影響而隨波逐流，或是被業力帶離了生命的軌道。

　　至於該如何獲知個人的**最強天賦**、能夠開闢的**豐盛之流**是什麼，以

及**心靈導航**心錨在哪裡，基本上我建議使用兩個方法互相補充。第一個方法是使用手機版「九型心光密碼 App」計算完整的資訊；第二個方法則是透過自我驗證。只要你平時對自己的起心動念有一定程度的覺察，那麼，你絕對可以根據下列章節的文字敘述，自我對照出你的答案。

如果你只想使用上述的其中一種方法，當然也是可以的。有些人或許會擔心自我驗證的答案與 App 計算的結果不一樣，其實，整個九型圖系統的重點是幫助我們認識自己的多重面向與無限可能。App 計算程式是找到你出生時預設的答案；而自我驗證的方法就好像剝洋蔥一般，一層一層剝開你的人格意識，讓你在過程中看見自己的不同面貌。

我想再一次強調，關於「我」的所有資訊，沒有恆久不變的答案，也沒有所謂的「標準答案」。因為「我」會跟著業力的影響變化大小，或是我們也可以改變意識迴路重新建構一個「我」。然而，不論我們要不要建立一個新的「我」，在那之前，都應該要先瞭解預設的自己（九型藍圖密碼）與正在進行中的自己（九型人格密碼），不是嗎？

所以從本章開始，不妨化身為你自己的「側寫員」（就是那些犯罪影集中負責描繪犯案者各種特質的專業人士），透過有意識的自我觀察去發現你的天性。相信你會更容易確定什麼是你骨子裡就會的事、什麼是你想要加強提升的模式，以及讓你內在靈魂感到最舒適自在的「自己」是什麼模樣。

🌐 找到你的最強天賦

　　你有擅長的事情嗎？我指的是那種沒有經過特別學習，就做得比一般人好，或是學習速度比一般人快的那個領域。比方說，是否有某種語言、運動、知識，或是某項技能（烹飪、家事、編織、漆油漆、木工、組裝……）是你自然而然就上手的？

　　再想想你在幼年時期，最常對哪些事物展現熱情，或是具有特別明顯的天賦？我的小外甥女從出生起，就非常擅長使用她的雙腿和雙腳，踢、夾、蹬、跨、彎……用各種高難度的姿勢，扭動她的小壯腿。等她開始會走路時，還站不太穩的她，對音樂節奏特別敏銳，甚至就算沒有音樂的引導，也會興致一來，開心地擺動身體。她喜歡像個芭蕾舞者在原地繞著圈圈跳舞，舉起雙手擺出各種姿勢。那微閉著眼睛、面露微笑的陶醉表情，讓我忍不住猜想，在某一個前世她應該是位舞者，或是嚮往跳舞這件事。

　　每個人在小時候一定有特別喜歡或是很想要做的事情，相信你也有的。而那就是天賦潛能的線索。以我來說，小時候我特別喜歡看雲，覺得天空中的雲變化萬千、神祕莫測，究竟是誰在安排這一切？這或許也是我對玄學領域特別感興趣的原因。

　　此外，目前你維生的工作是什麼，工作之餘的興趣和嗜好也是一個探索天賦的線索。基本上，任何佔用你的時間、興趣、注意力或是能夠引起你很大熱情的事，往往暗示著你的內在潛能。因為，天賦會讓人對某項特定活動，抱持一種內在的嚮往或是渴望。

　　雖然天賦是源自前世經驗的累積，但是靈魂通常已經轉世很多次，所以在每個人的高維意識中，其實都擁有全部的能力，只是在目前所處的維度中有沒有被開發出來、有沒有被經常使用而已。而在投胎來此期

生命之前，你的靈魂藍圖上已經預設了一項主要的、甚至多項次要的天賦，主要目的是幫助你經歷這一期的生命。由於是已經預設好的、是你已然具備的，所以只要你發現自己有某項天賦，那麼，無論從何時開始練習或是使用這項天賦，都不嫌晚！

　　那些最擅長運用自己預設天賦的人，往往是大家眼中的「神童」或是天賦異稟的人，但事實上，只要願意用心尋找，每個人一定都可以挖掘出屬於自己的預設天賦！

　　現在，你可以從下面的九種天賦中，找到你認為最接近你的內心、直覺中最有感覺的天賦描述。當然你也可以透過「九型心光密碼 App」經由出生日期做確認。重要的是，別忘了從今以後在日常生活中，做自己的側寫員，開始自我觀察與覺知。如果能夠搭配九型人格密碼（也就是你的九型人格主導類型）一起參考更佳。

◉ 九大最強天賦

【療癒者天賦】

幫助自己或他人克服身體創傷，或是展開靈性成長，是你此期生命的最強創造力！

　　我發現身邊不少身心靈老師們的九型藍圖密碼中，就預設了這項天賦，許多來學習九型人格的朋友，也同樣具備療癒者天賦。這真的是非常驚喜的發現！我想說的是，如果你已經預設了某項天賦，當時間對了，你的靈魂自然會找機會讓你開發與使用它，只是你自己有沒有覺察到而已。

　　當然，正如我先前所提醒，如果你想從事某個行業，除了參考天賦，也同時要考量你本身的九型人格類型，尤其是遇到具備「療癒者天賦」的個案，我除了會參考他是否還具有其他的天賦外，更會特別分析他本身的九型人格類型帶來的封印力量，是否會因此觸動了「天賦危機」，讓他落入不利的境地。

　　學員 Amy 是一位身體按摩師，她帶有療癒者的天賦程式，但是她的九型人格密碼是第四型。雖然帶有療癒的天賦，但是，如果她沒有先意識到並學會解除第四型的人格封印，那麼即使帶有療癒的天賦，也很有可能因為尚在人格封印下，「本身尚未達到覺醒程度，卻與對方的情感共振」，捲入個案的情緒能量中，引發天賦危機，導致自己的身心也失去平衡。

【合作者天賦】

　　幫助自己或他人以同理心建立深層的連結，是你此期生命的最強創造力！

　　若要更精確的說，這是一種「同頻」的天賦，也就是能夠理解一些非口語表達的無形訊息。有趣的是，我從觀察這項天賦的經驗中發現，天賦真的需要被「刺激」；刺激因子愈強，天賦的開啟就愈大！在這個同頻的天賦中，我發現「孩子」就是一個很強的刺激因子，他們會觸動人們內在那份無私開放的柔軟處——同理心。

　　我的好友 Vicky 在還沒成為母親之前，無法容忍別人的孩子在公共場所「發出聲響」，經常白眼那些笑聲稍大的孩子與父母。可是，當她有了自己的小孩，情況從此改變，她認為應該要給孩子表達自我情緒的最大容忍空間，不論是在家裡或是在外面！

【執行者天賦】

幫助自己或他人一步步地達到所要的成果，是你此期生命的最強創造力！

對於具有執行者天賦的人來說，最能夠燃起他們行動熱情的，是為自己寫上一張滿滿的 to do list 願望表。他們最大的滿足就是努力而得的成果。執行者天賦還有一個重要寓意就是「因果法則」，提醒你種瓜得瓜，付出什麼就會回收什麼。所以，如果你擁有執行者的天賦，會在日常生活中發現，只要你清楚地聚焦在自己的目標上，最後往往就能夠達成目標！

【牧夢者天賦】

幫助自己或他人開發直覺能力與如何安住其中不受外界干擾，是你此期生命的最強創造力！

這是一個聽起來有點虛幻或是執行起來有點難以量表，但實際上卻能夠與宇宙同步的強大天賦。你可以簡單想成「直覺力」的天賦即可。直覺力讓人聯想到一種「預知未來」的能力，的確，我相信那些能夠通靈的老師們應該都具有牧夢者天賦。

如果你擁有牧夢者天賦，我敢說你從小時候開始，應該就是那種比較敏感的孩子，包括對大人的情緒變化、外在環境的有形或是無形的改變……你一定都感受得到而且會受到影響，只是有沒有讓大人知道，或是否年紀還太小無法用語言和文字表達，只能以情緒發洩（哭鬧、過度安靜等）。我還遇過幾位具牧夢者天賦的朋友，在成長過程中選擇「是自己多想了」、「假裝沒事」，忽略自己比一般人強大的直覺力。如果

你是這樣的情況，我建議可以經常到戶外活動，尤其是親近大自然，將對你產生最大的啟發。

【指路者天賦】

幫助自己或他人找到通往自身真理的道路，是你此期生命的最強創造力！

具有這項天賦的人，通常會忍不住想以言語或是文字陳述自己的觀點，我常半開玩笑地說，現在是自媒體興盛的時代，正是指路者們最能夠發揮的時候！當然，有時候我也會遇見幾位喜歡「以身作則」的沉默指路者，那通常與他們原本就不喜歡被注意的人格特質有關。不過即使他們喜歡以實際行動，間接告訴大家他們的理念，這些沉默指路者仍舊是在發揮天賦，享受著「告訴別人怎麼做」的成就感。

為眾人指出一條明路的方式有很多種，有些指路者也會用「反照」的方式，不是以身作則的正面示範，而是扮演「前車之鑑」提醒後人。

【藝術者天賦】

幫助自己或他人激發想像力與表達出創意靈感，是你此期生命的最強創造力！

我個人認為，會選擇這個預設天賦的靈魂都相當有自信，甚至應該都是老靈魂了！因為若想要發揮這項天賦的極致精神，必須有一種藝術家的豁達胸懷，一種能夠超脫世俗的氣魄與出離人間的決心。所以，這項天賦也有「修道」的意味在裡面，因為既然流著藝術家的血液，就容易墮入追求完美的痛苦，與永遠無法達標的不滿足之中。若是能夠將這

樣的失望挫折，轉化為剎那即永恆的創作心態，那就真的發揮了終極的藝術者天賦：優雅且不受拘束的生活在人間！

【舉重者天賦】

幫助自己或他人鍛鍊體能或是強化心理韌性，是你此期生命的最強創造力！

如果一個人擁有某項天賦，再加上適合該天賦發揮的主導人格類型，那麼，他必定會成為在某個領域中出神入化的傳奇人物。所以，九型藍圖密碼最好要搭配九型人格密碼一起解讀。以舉重者天賦來說，這代表一個人在先天體質上就有優勢條件，或是他對體能等活動特別感興趣。

我遇過一位自小喜歡跑步的男大學生 Kevin，他就是屬於老天爺賞飯吃的情況，有了體能天賦加上性格自律又不怕苦練，讓他不斷過關斬將，成為前途無量的田徑選手。只是，當求好心切的性格遇上舉重者天賦時，我請他的教練要特別幫助他練習心理上的放鬆活動，不然他有可能會落入人格封印引起的天賦危機。

【謀略者天賦】

幫助自己或他人開發腦力與理性的思維，是你此期生命的最強創造力！

通常擁有這項天賦的人，同時也會具備鑑賞家或是評論家的特質。這樣的人比一般人容易調高自己的維度俯瞰全局，做出全面性的、富洞察力的、甚至是嶄新視野的判斷或是預測。保持清晰的心智與客觀的角

度，能夠加快這項天賦的開啟或是增強它的力道。

　　謀略者天賦也代表邏輯能力，但是因為人格封印的關係，我偶爾也會遇見幾個沒有邏輯、凡事只憑直覺行事，偏偏結果又都成功的謀略者。這種謀略者通常是因為兼具牧夢者天賦，也就是直覺力也很強大，所以在他決策的過程中，看似憑直覺，其實邏輯部分早已經在無形中完成運作篩檢，或是暫時被更強大的直覺力所取代。

【溝通者天賦】

幫助自己或他人傳達自我的想法，是你此期生命的最強創造力！

　　這個天賦除了代表溝通與表達外，還意涵著能夠隨時切換角色、轉換心態，悠遊人間各項關係與事務中。它本身是一種輕鬆自在的狀態，因為在這樣的狀態下，溝通起來才能順暢有效。此外，溝通在本質上是一種風元素的傳遞，也是一種氣息的交換，所以擁有溝通者天賦的人，也很適合從事靈性導引，像是呼吸練習、靜坐……或是形而上、哲學、宗教、靈性等方面的知識傳遞。

　　掌握了你是屬於哪一種的天賦者後，想知道這份天賦在哪個領域最能夠幫你加分，以獲得想要的豐盛人生，這時就必須參考你的豐盛之流怎麼走。

◉ 駛入你的豐盛之流

從基本的層面來說，「豐盛之流」在生命藍圖上意指的是：**如果想獲得豐盛與幸福，可以多多去做的事情。**我個人喜歡把豐盛之流看作一種累積「靈性貨幣」的方式；當靈性的存款愈多，你心想事成的力量也就愈大！

由於九型圖系統以「flow」來傳達「豐盛」的概念，我的另一層解讀就是：**我們應該專注在讓我們感到順流的方向，而那些感到不共時、甚至是逆流的部分，或許就先暫時放下。**

簡單來說，豐盛之流是在提醒我們，哪個方向是我們可以舉一反三、事半功倍，讓願望實現的快速道路。

你可以透過「九型心光密碼 App」取得你藍圖上「豐盛之流」的位置；也可以透過閱讀以下九段敘述，自我發現、找到你積累靈性貨幣的最佳路徑！

◉ 九大豐盛之流

【金手指之路：點亮你所觸及的萬事萬物】

愈能瞭解自己、接納自己、全力幫助自己圓夢，周圍的人也會跟著被照亮！

如果你的九型人格密碼是第九型，那麼恭喜你！「金手指之路」會因為你的人格特質而更有力量，同時金手指還能夠幫助你破解人格封印，讓身心靈提升至更高維度。而如果你的九型人格密碼是第九型，但

是豐盛源頭不是金手指，我會建議你還是要找機會發展這一個流向。因為，祂至少能夠幫助你慢慢鬆開人格的束縛，讓你本身的豐盛之流可以比較順暢地流動起來。

　　對於擁有金手指的人，我還有一個重要的提醒，就是「要多多尊重別人，尤其不要評論別人的夢想」。因為，當你批評或是挑剔別人的夢想時，就是走在金手指之路的反向，會造成一股逆流的狀態，只是徒增對方和自己的阻礙。提醒自己，別人夢想的重要程度並不少於你的。不妨多使用「隨喜讚嘆」的方式：別人用他的方式追求夢想，你不阻抗，也許還順力幫忙；看到別人好，就真心全意地為對方高興。

【合一之路：與宇宙同步的喜悅】

愈臣服，創造豐盛的速度愈快！

　　這應該是身心靈領域最常提到的豐盛之流，因為「臣服」這個元素，讓人們可以最快的步調和宇宙接軌，與自己原本的生命藍圖共振。

　　在九型圖系統中，雖然九個豐盛之流最終都指向豐盛意識，創造豐盛成果，但是從每個人特定的九型密碼組合中，可以讓我們更進一步、更細緻地看到，其實每一個靈魂有最適合自己開啟豐盛與創造財富的方法。所以，如果你想同時朝九個豐盛源頭去努力，當然很好，只是我更推薦先走上你藍圖中的預設道路，以最快速度穩住你在世間的生活腳步，之後再發展其他八個豐盛之流的道路。

【典範之路：眾人將起而追隨你】

勇敢去過自己想要的生活，活出你想要的樣子，不要被外界眼光干擾，豐盛隨之而來！

我經常在具有「藝術者天賦」的朋友身上，看見這一個豐盛之流。正如我在最強天賦程式中提到的，會選擇藝術者天賦的靈魂，通常是很有自信或是很勇敢的，因為他們選擇自我燃燒的勇氣，他們此期生命的圓滿祕密，在於走一條看似與世人相反的道路！而或許是因為想讓這一期生命效益能夠發揮到最大，所以具有藝術者天賦的人，又為自己安排了成為典範的豐盛之流，讓自己的勇氣成為眾人可以見證並進而仿效的範例。

Sean 就是這樣的一個例子，他是一位堅持走自我風格的年輕藝術創作者，從青澀少年開始，就不顧家人反對，開展自己想要的人生。起初日子並不順遂，但他依舊無怨無悔地持續創作。Sean 的高維意識為他做了非常貼心的安排，他的「體驗主體」剛好是「使命」！就是要來體驗成為自己或是他人的典範。

Sean 的高維意識真的很疼他！又或是 Sean 在這一期生命想偷個懶，所以讓他直接畢其功於一役！在他進行「體驗主題——英雄之旅」體驗使命感的同時，與「典範之路」剛好形成順流，當然會賺進大把的靈性貨幣，開啟生命的豐盛；更重要的是，他為自己預設的藝術者天賦更是讓他毫無懸念、如虎添翼地在藝術創作領域上大放異彩。

看著 Sean 一步一步走在圓滿靈魂的道路上，在物質與精神層面都發展得愈來愈好，不再是入不敷出的窮藝術家，反而擁有了充備的生命資糧——財富與愛，讓他繼續進行此期的生命旅程。Sean 的故事激勵了身邊很多年輕朋友，相信他的生命影響力會持續地擴大。

【淨化之路：每一個清淨的念頭都在重啟靈魂】

敞開你的心，轉化你的情緒，愈淨化，豐盛一路順暢而來。

有好幾年的時間我使用「零極限——荷歐波諾波諾」（Ho'oponopono）的四句話：**對不起、請原諒我、謝謝你、我愛你**，作為淨化清理的工具。選擇淨化力量較強的工具當然更有幫助，但是，最重要的關鍵還是在我們的心。所以，這個「淨化之路」的重點在於，你能夠敞開到什麼程度？又或是你可以對自己和他人有多少誠實？

這條道路對九型人格密碼是第三型的人是一項大挑戰，因為性格的關係，他們很可能一不小心就走到逆流的位置。而如果你剛好是一位第四型人，那麼，你所掀起的淨化程度絕對會是「強效清潔」的神奇效果！這點從 Janet 的身上就可以體會得到。

Janet 是一位擁有淨化之路的第四型人，她本身從事能量療癒的工作，利用頌缽、音叉、音樂治療等聲音相關的媒材，幫助客戶放鬆紓壓。Janet 非常喜歡自己的工作！在進行九型藍圖密碼解讀時，她不斷跟我強調覺得自己很幸運，怎麼這麼剛好選到一份工作，是既符合個性、又符合自己對靈性成長的追求！

Janet 的收入豐富穩定，因為客戶像是說好似的，每天都有但不會過多，剛好是能夠負荷的工作量，所以她每天都很開心自在地工作。周圍從事相關身心靈工作的朋友都非常羨慕她，也經常向她請教經營豐盛的祕訣。而 Janet 總是這麼回答：「我不懂什麼訣竅，但是我有一個習慣，我會經常清理自己、清理當下出現的情緒，或是等一會兒要接待的客戶，還有我使用的工具、工作或是居住的地方……總之，就是不斷地清理、歸零，讓自己與身邊的一切都保持在一種乾淨、沒有包袱的狀態。」

這就是淨化之路發生在第四型人身上的奇妙共振！不僅她自己獲得強效淨化，相信她服務的個案也都被徹底清理！如此在 Janet 的工作室中才會發生「一切都是剛剛好」的共時結果。

【造神之路：號召萬物的魔力】

讓自己成為一座穩固的基地台！你聚焦在哪裡，人們的注意力就往那裡去，豐盛也跟著發生！

如果你擁有這個豐盛之流，又剛好本身的九型人格密碼是第五型，那麼你將會如魚得水般的暢快與順利！因為，這個豐盛之流就是要你發掘自己的觀點或是立場，進而堅定不移地持續深耕，當你累積到一定程度的專業素養時，人們的目光自然會被你帶領，到時，豐盛就是水到渠成的事。

又或是即使不是深耕，而是你在一段時間內，火力全開瞄準某個事件或是領域，人們也會被你引導而去關注你所關注的事情。這就是此座豐盛之流的魔力！重點是，你自己本身是否夠穩定？會不會三心二意、不易集聚專注力？

【聖母之路：溫暖人間的點點心光】

廣結善緣、愛護萬物，你的宇宙之愛電波必定火花四射、豐盛滿載！

這道豐盛之流的極致是「成為愛的本身」。也就是沒有「我要服務眾人」，或是「我要貢獻自己」，沒有「將自己奉獻出去」的概念；而是「我只是做」，至於是誰受到益處，都不在我的意想之中。

　　我個人的豐盛之流就是要走上「聖母之路」，而我的天賦程式又剛好是療癒者，因此，我會走上分享九型人格這條道路似乎也是注定的吧！我經常感謝來報名上課的學員們，因為每週和大家分享九型，雖然也是支持我在人世間的生活所需，但更感謝的是那份因分享九型帶來的喜悅。講課雖然讓我的肉身疲累，但是我的心靈卻是充滿活力！謝謝大家！也感謝高維的我如此巧妙安排！

【接訊者之路：跨次元的使者】

　　愈讓自己歸零，愈能開啟你更高維的意識層級；定期沉澱更新，你就能不斷創造豐盛！

　　這道豐盛之流是引領你走進自己的心智，創造你要的意識流。不需要懷疑是否真的能夠做到，或是認為這已經超乎你對現實世界的認知，太神祕或是太玄了。只要你願意，就能夠走上這條道路，因為這是你自己靈魂的預設呀！一旦進入你自己的高維意識，你甚至能夠與其他的高維意識產生交流。至於創造豐盛，屆時只是小菜一碟了。

　　只是，你能否從「無意識」變成「有覺察力」地生活，更進一步「自我覺察」發現真實的自我（非小我），以及清理舊有的情緒與信念的制約？這將會是開啟歸零程序的關鍵！

【英雄之路：無畏的勇士】

愈踏實，愈入世，兼顧物質與心靈，你能夠驅動的豐盛之流就愈大！

　　這道豐盛之流的必備心態是正義與公平。也就是說，想要成就你此生的豐盛，首先得學習公正對待身邊的人，這也包括需要如勇士一般敢於維護正義。在生活中為正義發聲、提倡公平，其實倒不一定是要你馬上就與不正義的人事物「正面對抗」，而是循序漸進以你的現實條件與能力，發揮公正的精神，勇敢地先從自己做出改變，進而有充沛的勇氣與能量選擇公平正義的一方。

　　我遇過一些身心靈工作者屬於「英雄之路」，他們一心為提高地球的真善美而努力，也如勇士般願意付出更多的精力與時間，幫助身邊的人自我提升。但是這些工作者大部分有經濟的擔憂，許多時候甚至入不敷出。我發現這樣的情況大部分是因為這些身心靈工作者，不善於處理現實中金錢的議題。比方說，不好意思談酬勞，或是認為身心靈工作本來就是奉獻與服務，因而忽略或是壓抑自己在物質層面的需要。

　　其實，英雄之路是非常入世的道路，甚至鼓勵你要先考慮與滿足物質的適度需要後，再進一步提升心靈。又或是你可以採取比較符合大眾路線的方式，幫助大家自我提升。比方說，以食物來撫慰人心；或是討論社會案件讓大家思考什麼是真正的公平正義。當你能夠兼顧物質與心靈的發展，你的物質收入和靈性貨幣就會同步增加，所能驅動的豐盛也將順勢成長！

【顯化之路：點石成金的祕密】

拿掉目的與期待，保持正向心態，你愈不設限，豐盛之流就愈強大！

　　當一個人能不設限地活著，表示他已經能安住在生命的各種變化中，任何人事物都不會影響他的存在品質。唯有提升到全然自由的靈魂，才能夠自己成就自己、顯化自己。

　　你也許會問，那別人的自由呢？如果一個人的全然自由，卻必須破壞或是犧牲另一個人的自由呢？這就是假自由的小我意識，與真自由的高維意識之間的區別。已經提升到高維度的靈魂是不會去干擾另一個靈魂的，除非那是他們彼此之間已經做好的約定。因此，反映在人間現實生活中，要達到真正自由的前提是，靈魂不會去做不合人世理法的行為。

◉ 打開心靈導航系統

　　這是九型圖系統在週期循環的過程中開展出來的靈性引導。以九天為一個週期，圓滿一圈代表一次的心靈蛻變，可以用來作為進行「自我覺察與轉化」的指引參考。

　　「心靈導航」的應用方式很多，第一天你可以從 Point 1 的心靈導航話語開始，第二天則到 Point 2，以每天 Point 對應的話語作為自我覺察的方向，九天為一期。也可以搭配下一部將介紹的「九型能量密碼」作為日常的靈性練習。有興趣的朋友，可以加入我們不定期舉辦的線上九天或十八天的自我覺察與轉化活動。

　　另外，每個人其實都有一句專屬自己的心靈導航話語，可以將它視為守護自己的一道靈光。當你感到迷惘或是身處低潮時，不妨用你的專屬心靈導航話語，幫助你釐清目前的思緒與情緒，照亮在黑暗中徬徨的自己。（可參考九型心光密碼 App）

心靈導航週期

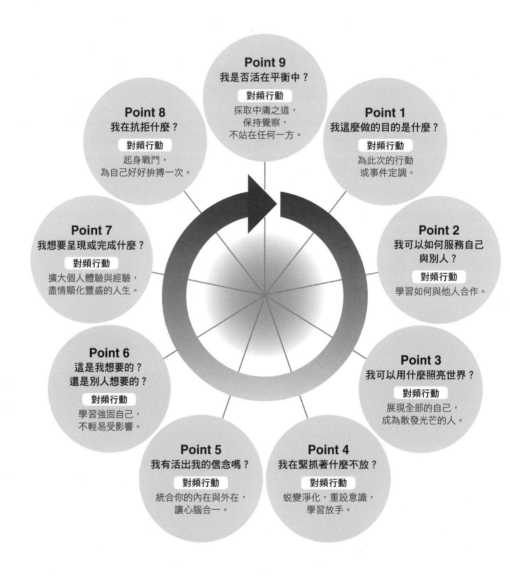

第三部

九型能量密碼

是你的靈魂基因資料庫

01
你的存在本就是
宇宙中一道閃亮的光幾何！

2008 年秋天，我因緣際會跟隨一位老師修習。某夜練功完剛躺下放鬆身體時，忽然感受到尾椎有一股氣流往上衝，剎時我有點不知所措，但隨即放開身心讓炁感自己流動。接著我感覺頭頂開始旋轉，雖然是閉著眼睛，但是可以明確感受到頭、耳、身體內有火花似的閃焰，而且是不停地在盤旋轉動。

我的身體不斷延伸，漸漸地我不覺得自己屬於這個身體了，而意識卻瀰漫在背景中……當晚還有一些有趣的體驗，我想保留不在此詳述。但是，這個體驗無疑更加強了我對能量的理解與相信。

從小我就對神祕世界有一些連結，不過大人們總說是我愛胡思亂想（哈哈，我的想像力確實比一般孩子豐富）。對於未能解答的種種神祕體驗，我的內心其實是抗拒的，也不願意多做聯想與解釋。

　　然而，2008 年那次奇妙的經驗後，我開始以「能量」、「意識」去解釋這些看似神祕，其實卻很自然的體驗；也開始練習透過夢境找到一些在關係中未解的答案，或是透過夢境讓我知曉某些訊息。但其實**夢境大多是過去累世記憶的釋放，是意識在作用**，因此也僅僅當作有趣的參考。

　　往後的幾年，我不時在清明夢中有更多有趣的體驗。

　　有一次是在一個充滿明亮光芒，讓人幾乎睜不開眼的空間中，與幾位發光的人交流，其中一位隨後轉身指著一個漂浮於空中的小圓球。當我一看到小圓球，球體就開始振動發光，飛到我的頭頂盤旋。我自發性持起阿彌陀佛聖號（只要在夢中遇見震動心念的現象，我就會自動持起佛號，這讓我能夠保持清明，不論夢境為何），接著我也開始和小光球一起震盪，佛號不斷，能量愈發強烈，感受到一股融合的力量在旋轉。是的，**不論在現實或是夢中，每次的神奇振動都是螺旋狀轉動。**

　　還有一次的夢境像是在考驗我。那是在一條歐洲風的石板街道上，周圍沒有任何人，只有一個超級大的月亮照亮整條街，我則在寧靜夜空的月光中飛翔。因為我清楚知道這是夢境，所以可以隨心所欲。我靜靜落地，享受在石板路上的漫步。

　　接著，那顆超級大的月亮開始轉動，隨即變成光球從空中落下，順著街道朝我滾來。我心想：「哇！光球又來了！」怎料此時，我的小狗優比突然出現在高處，也如球一般朝我滾來，當下我的思慮是：「若不接住優比，牠不知道會發生什麼事。」即使當下的我很想接住光球，但是我不能不管優比。最後，我選擇接住優比，因為我還不想失去牠，我還捨不得……雖然明白生命本就有生有滅，而能量是無限的，但是當時的我終究還是做不到放手。

　　就算之後還有很多的夢境連結、靜心時突然湧現的靈感，以及奇妙

的共時性等出現在我的生命中，我仍舊不允許敞開自己去感受，也不願意使用內在的那股能量。

直到開始著手撰寫這本書，我像是在剝洋蔥般，一層一層趨近內心的真實面，階段性體驗到意識與能量的共振，一步一步開始接納自己深深埋藏的某個部分，而一次次的自我轉化就發生在每次重新修改這本書稿時。過去數年裡，身邊的朋友一直聽到我在寫書，一直聽說快寫好了，然後又驚訝於我仍在修改中。或許，我是透過整理這本書的九型訊息，不斷打掉某個部分的自己，融進其中。

在這個章節中，請大家再次將目光從地球移往星空，想像浩瀚宇宙裡的未知。從傳統的九型人格中暫時出走，將視野從三次元釋放開展出來。若是你也感受到了某種振動，就鬆開心與九型圖一起共振吧！

● 光的螺旋幾何，從心展開

根據天文學家和生物學家的說法，整個宇宙是井然有序的。恆星散發出「光」，地球上的我們，則發現了光中存在的複雜分子和生命形式。這一切必然是由一種超乎人類理解的無上大智慧組織與指揮。此外，大自然的運行極可能是某個幾何形式領域在主導著，因為只要你用心觀察自然界萬物，應該都不難發現其背後涵藏著各式幾何圖形！鸚鵡螺、人類耳朵的輪廓、蕨類、水渦形成的螺旋、雪花圖案、各式結晶……不勝枚舉。

而這主導萬物生命存在的幾何圖形中，最神祕的顯現之一應該就是 DNA 了。自從詹姆斯・華生（James Watson）、弗朗西斯・克里科（Francis Crick）與莫里斯・威爾金斯（Maurice Wilkins）等三人在

1953 年共同解開了 DNA 雙螺旋結構的奧祕，這美麗的圖像已經成為一種生命文化的里程碑，象徵我們能夠深入探究自身的組成架構。

其中關於「螺旋」的概念，熟知古老神祕煉金術圖像的朋友，一定會馬上聯想到「銜尾蛇」（Ouroboros）以蛇、龍、蜥蜴吞入自身尾巴的呈現。它象徵存在的大循環不斷重複自身模式的傾向。當這個循環過程繞了一整圈，回到原點但卻是更高一層的位置時，代表一種品質上的提升，不再是單獨的圓圈，而是能夠往上升或往下降的螺旋[1]。

正如有一種被稱為「詮釋學習」（Hermeneutic learning）的概念，意指當學習者再次閱讀同一項資訊時，會得到不同以往更多的洞見。相信每個人都有過類似的經驗：每一次重新閱讀心愛的書籍，都會有一些以前沒有過的感受，或是新發現的領悟。

DNA 的基本幾何構造就是螺旋，而它的形狀正是藉由成長與發展的循環所產生的詮釋學習。這其實也對應著我的想法：萬事萬物都以不斷提升自己為主軸；宇宙間的生命是愛的延續，是「心的智慧」。當我們清空腦中那些依據經驗法則累積的生存技巧，自然就能夠看見內在的心光。世界各個古老文明以及宗教，都在幫助人們喚醒內在的真實本質，而九型圖系統正是一項跨越文化與宗教，喚醒真實自我的工具。我個人覺得更棒的是，祂針對不同的靈魂屬性，提供了四條通道。本章介紹的**光——能量的通道**，就是其中之一。

---

1. DNA的雙螺旋本質是由一道螺旋及其相對應的螺旋構成的，雙螺旋的旋繞方向是雙向性的，類同經常在赫密斯傳統（Hermetic tradition）出現的宣言「如其在上，如其在下」。

　　根據研究生物光子的分子生物學家表示，DNA 是一種超弱雷射，會發出光子，它們是存在於狹窄可見的光頻帶中的電磁波。這些被稱為「生物光子」的發出物具有高度一致性，它們就像是「細胞的語言」，即細胞之間一種微妙的通訊形式。這些「波」引導內部各個系統，它們彼此之間會溝通，甚至在不同的有機體之間也會溝通。

　　如果從現今量子力學的角度來解讀，不單是人體，萬物也都具有波粒二象性[2]。一切存在的物質都有，而且它們都是以光波的形式表現出來，其生物光子也皆有各自特定的排列組合方式。所以，萬物彼此之間可以透過「光」產生交流，與整個天地、大宇宙，甚至多維度的場域互相感應。

　　但是，如果我們想與某個場域產生更有力量的同波共振，關鍵是「要先與那個場域的光波排列組合所形成的幾何結構產生一致性」。所以，風水、瑜伽等強調特殊排列或是體位姿勢的原理，就有其高維的意義。

　　而**九型圖本身正是九型圖系統的幾何呈現**。所以我經常在課堂中與同學們分享，想掌握通透九型圖系統，最好每天撥出一段時間靜心冥想，與九型圖對頻共振。

　　「……我原先並不十分瞭解，第六次元如何讓第三次元裡的事物保持住（物質）形式，直到有一天，我從雅典一間旅館的陽台注視著雅典衛城，那一刻我總算明白了。那是在傍晚時分，星星從雅典衛城的背後升起，而我擁有絕佳的視野。我凝視著雅典衛城，看見天空突然爆發出藍白色幾何形式的線條。我親眼目睹了讓雅典衛城保持住形式的幾何光！」──次元研究學者 芭芭拉‧克洛

神聖幾何在物質大地上建立宇宙秩序

「神聖幾何學是人類心靈的延伸。人類發掘大自然隱藏的模式，祂建構出時空維度的入口，而後延伸拓展。從物質形成、宇宙自然運行、分子震盪、生命形態的成長，乃至於行星、星球和星系的移動與轉動，全都受到力的幾何結構所掌管。……神聖幾何是造物者隱而不見的藍圖！」——地球研究者 保羅・德弗洛（Paul Devereux）

與九型圖有相當淵源的伊斯蘭神祕主義蘇菲派（Sufism），認為神聖幾何（Sacred Geometry）讓人得以見識神的原型世界，猶太教與印度宗教也有相似見解，例如曼荼羅（Mandala）就被視為神佛的國度、宇宙的模型。雖然許多人認為，神聖幾何是延續了畢達哥拉斯學派與柏拉圖的傳承，但確切的世間起源目前還沒有定論，因為在克爾特（Celts）、西藏、東密等佛教藝術中也都有發現，就連美洲原住民的砂畫也有幾何學的身影。

由此可見，神聖幾何是普世法則，為不同文化所使用，因為上述的這些文化，在歷史記載上幾乎未曾有過來往聯繫，或是甚少彼此交流。

最早運用神聖幾何學的是古埃及人，主要用於廟宇的地面設計、壁畫和金字塔。其中吉薩金字塔（The Pyramids of Giza）的建築結構，運用了許多數學法則，據傳都是畢達哥拉斯的數理發現。

---

2. 波粒二象性（Wave–particle duality）是物理學中的重要概念，指物質在特定情況下，同時具有波動性及粒子性。

　　此外，神聖幾何學也有許多實例遍布歐洲：巴特農神殿（Parthe-non）、戴爾菲神廟（Temple of Delphi）、亞琛大教堂（Aachen cathe-dral，禮拜堂的平面配置和英國石柱圈一模一樣）。這些古代的建築師認為，宇宙是神所造，因此只要應用掌管天界運行的和諧法則，就能夠將天界的大能和智慧下載到地球上。

　　而神聖幾何結構的神祕力量，可以從現代量子實驗中互相呼應。俄羅斯量子物理學家福拉迪米爾·波朋奈（Vladimir Poponin）在他一系列 DNA 實驗中，發現了 DNA 螺旋結構的隱形力量。首先，他發現光波會在實驗室中隨機移動；接著，他在實驗室中置入 DNA，出乎意料的，DNA 居然強勢地將光波組織成具有連慣性的螺旋狀模式。這意謂著 DNA 產生強而有力的能量場，建構它周圍的空間。更不可思議的是，當他移出管中的 DNA 樣本後，光波仍然保持「螺旋狀」。

　　前台灣大學校長李嗣涔教授在其著作《撓場的科學》中，也分享了神聖字彙和圖案對氣場的影響。他認為中國傳統的風水，就是在處理居家環境中物件的擺設形成的幾何結構。而**八卦圖、螺旋圖等幾何圖案，更是能夠連結另一個次元空間的通道。**

　　除了以水晶氣場做研究，李教授也以蛋白質分子模型和晶體模型進行幾何圖案影響力的實驗：

　　「幾何結構才是生化反應的王道，跟尺寸大小沒有關係，這也暗示在虛數時空中，氣場與幾何結構作用的原理是『形形相印』，只要幾何結構相同，而非絕對尺寸相同，就會產生相同反應的規律。」

　　在科學界不斷出現呼應神聖幾何隱形力量的實驗，於二千五百年前主張「萬事皆數」的希臘之父——畢達哥拉斯的筆記中，早就記錄下各

種幾何圖形的神聖力量,當然,九型圖也包括在內。

● 柏拉圖式宇宙 VS. 九型能量結構

　　研究神聖幾何或普通幾何學的人都熟悉的「柏拉圖多面體」[3],是理解神聖幾何或是普通幾何的關鍵基礎,也是神聖幾何的基本字母。傳承畢達哥拉斯學派的柏拉圖,建構出有特殊定義的幾何圖形式,也以此詮釋他個人對宇宙與萬物的理解,創建出「柏拉圖式宇宙」(Platonia)。柏拉圖的宇宙觀形態由三角形、立方體及其他幾何形狀所構成,彼此之間能夠產生各種組合變化的組態,由組態形成相對應的結構形式。而世間萬物就是由這無限的組態架構形成的。

　　柏拉圖主張,宇宙是由預先存在的元素,按照特定比例的組態形成的統一體。這些元素包括火(正四面體)、土(立方體)、水(正二十面體)、氣(正八面體),以及整合四大元素的乙太(十二面體)。宇宙萬物也是由這四大元素構成。

　　此外,柏拉圖式宇宙強調「當下之地」的概念,指每當一個組態形成其對應的結構時,就是人們能體驗到的「瞬間」。柏拉圖認為,人的感官感覺到的事物並不是唯一的真實,只有把理智、神性與可感知的事物融會貫通,也就是要結合理性與感性,以及物質與心靈的層面,人們在探索宇宙源頭的道路上才可能走得更遠、更深。

---

3. 參考《生命之花的靈性法則》——p.178,德隆瓦洛・默基瑟德著,方智。

來自畢達哥拉斯聖十結構的**九型圖，其形態也隱含在柏拉圖式宇宙之中，不僅具備了幾何結構的力量，同時也乘載著每個瞬間時間點上的幾何圖案結構，便是「九型能量結構」**。每一個人都可以根據自己的西元出生日期，找出相對應的九型能量密碼，進而描繪出屬於自己的九型能量結構。同時，以九型圖上的九個核心意涵與彼此間的交互變化，解讀個人的靈魂構成資訊：即四大元素和乙太的組合與分布狀況，以及其如何建構出一個人在身心靈等方面的狀態。

◉ 畢達哥拉斯的祕傳與埃及的四意識體

當初我在著手整理九型圖系統有關能量結構的這一區塊時，我發現之前對埃及神聖科學的瞭解幫了我很大的忙。這讓我不禁莞爾，因為從小學時選讀課外書籍，我就莫名對古埃及文明特別感興趣。記得每次跟隨父親逛書店時，我都是在埃及與神祕學的相關書籍前流連忘返。古埃及「太陽城神祕教導」（西元前三千五百年至西元前一千五百年）的多次元傳承，開啟了我的宇宙全視觀點，讓如今的我在解讀九型圖系統時有更多的心領神會。

而九型圖的高維傳訊者——畢達哥拉斯更是曾經廣搜來自督伊德、埃及神殿，以及波斯瑣羅亞斯德信徒（Zoroastrians，又稱祆教徒、拜火教徒）的線索。

在畢達哥拉斯成立學派之前，神聖幾何與建築法則一直都屬於祕傳知識。他曾經前往埃及、波斯、不列顛群島等地學習神聖傳統，尋訪古老神祕智慧。成立學派後，畢達哥拉斯教授四門有關數字的學科，即所謂的「四藝」（Quadrivium）：1.數字本身是算數；2.空間的數字是幾何學；

3. 時間的數字是音樂和聲；4. 時空的數字是天文學與占星術。

因此，在畢達哥拉斯對數字與幾何圖形的賦義下，九型圖上的數字在不同的維度有其不同的形態呈現，當然也就有屬於各個維度的意涵與解讀方式。在先前的章節我已經介紹過九型人格密碼：每個人的習氣特質；與九型藍圖密碼：提供此期生命的使用手冊。

這個章節則是要介紹「九型能量密碼」：透過它建構出每個人的能量結構，也可以作為每個人的靈魂曲線圖。其實，每個人出生的時間與地點是有預設意義的。**你在何處與何時出生，就是你這一生要表達的「原型」——專屬於你個人的意涵與象徵**。正如許多希臘古代神殿的方位與選址，都有其特殊的意涵；每座神殿設計其軸線要與上升天體相對應；神殿裡的神則由各種行星的神作為象徵等。

進一步來看，由九型能量密碼組合出來的形態，代表個人在身體、情感、心智和能量上的幾何構成，透過彼此之間的連線通道，呈現出每個人在物質、情緒、思考與乙太星光體上各不相同的特有樣貌。同時也透露想要身體健康、心境平和、思緒清明、核心穩固的豐盛人生，首先要一一圓滿九型能量密碼中的相關迴路！

如果你不太理解或是無從想像什麼是「能量」，不妨這樣設想：在你的身體和頭腦努力運作的背後，一定有某個你看不見的源頭，賦予了它們運轉的力量。而這個「源頭」就是我所指的能量。

在印度瑜伽與埃及神聖科學中，可以找到與九型能量密碼相通的概念。埃及科學認為每個人都是由「身體」、「情緒」、「心智」、「靈魂」四種意識體構成，而且四個意識體各自有不同的振動模式，其中身體的振動頻率最低而沉重，靈魂的振動頻率最高而輕盈。因此，只要我們能與靈性保持連結，就能維持意識四體的正確能量值，那麼就可以啟動自我療癒系統，保持健康平衡的狀態。

　　所以，如果想要掌握自己真正的潛能，包括自我療癒，或是像那些神奇的大師們創造出超凡的人生體驗，那麼我們就必須**創造身體、感受、心智之間的迴路，並且有意識地覺察和應用迴路串連起來所產生的能量體**。在本書第四部提出的「九型意識密碼」正可以幫助我們串連這些能量迴路，讓我們得以從「人性的自己」（人格、小我）升級為「神性的自己」（高維、大我），去體驗更廣闊的人生，甚至體驗到關於宇宙法界的實相。

02

透過九型圖的幾何結構，
找回能量碎片

● 靈魂急轉彎，別忘了你和自己的約定

皮克斯公司（PIXAR）於 2020 年推出的動畫片《靈魂急轉彎》
（*SOUL*），讓許多在地球的靈魂為之震動。據導演兼皮克斯創意執行
長彼特‧達克特（Pete Docter）表示，他是受到他二十三歲兒子的靈感
啟發，而拍出這個故事。因為他發現兒子在成年後具備的性格特質，早
從嬰兒時期就已經展現出來，並非是成年後進入社會才形成的。

他認為，每個人從出生的那一刻起，就擁有與他人不同、獨一無二
的特質，透過一生的自我探索，在經歷人生的同時發現「這一生為何而
來」，挖掘出自己在人生旅程中的意義與價值，找出熱情火花所在。雖
然我不認為「人生一定要如何才有價值」，但我認同「人生要有意識地

活著」。

　　這部影片中關於「投胎先修班」的概念，我個人覺得是一個很有趣也易懂的譬喻，用來解釋九型圖系統一直強調的：「你不是獨立的凡人，而是累世的能量」、「你來這世上是為了活出你的靈魂想要體驗的人生，同時提升靈魂的維度」再適切不過了。同時，也提醒我們可以如九型圖的運轉一般，學會隨境轉化，以更寬廣的視角看待人生中的各種遭遇，因為，那都是有意義的規畫，只是當下的我們還不知道罷了。**人生中的事件，往往只是幫助達成某項計畫的一枚棋子，而非計畫的目的。**

　　現在，就讓我們想像自己身處在投胎先修班，和一群同窗好友們為即將來臨的「地球之旅」做準備功課：

　　下課時間，你和其他靈魂同學們聊起未來的「人生經歷」，討論你們到了地球之後有什麼樣的計畫、準備預設哪些特質去發揮與使用，或是想要什麼樣特別的體驗……你知道你想要體驗、想要成長、想要觀察看看，自己能不能在這一次的地球旅行中喚醒真實的本質，發揮內在的能量，然後開創自己想要的人生。但是，要透過什麼樣的情境安排，讓你體驗到這個過程呢？

　　你的一位靈魂同學說：「過去幾次的旅行中我破解了九型圖上的第二關，體驗了什麼是『愛』，以及第五關的『不執著與分享』，這一次我想挑戰第六關的『勇氣』。」另一位靈魂同學說：「我想體驗第八關的『獨立與赤子之心』。」還有一位靈魂同學則說：「我想讓自己突破九型圖上的第四關『自在』。那你呢？」你可能會回答：「我想要體驗什麼是全然的覺醒。不僅僅是在思想上的覺醒，而是行為上也能夠真的做到……好！那我來挑戰九型圖上第九關的『包容與放下』！」

「哇！你打算要怎麼過關呢？」、「你準備了哪些九型天賦帶去用啊？」、「要記得投胎那天要選在九型圖走到第九點的『紅土殿堂』光流下出生喔！」……靈魂同學們七嘴八舌。你回道：「嗯嗯。只是我需要一位同伴幫助我達成這個體驗，他得做一些傷害我的事讓我能痛到大覺醒。」

靈魂同學們你看我、我看你，沒人給出回應。畢竟誰都不想做出傷害別人的事情呀！突然一個聲音響起：「你需要這個同伴做些什麼？」這是一位路過的靈魂同學。

聽到有人回應，代表這次的體驗有機會能夠實現！你的雙眼閃耀著光芒，望向那位路過的靈魂同學說：「既然是要學習包容與放下，我想那一定得要是個天大的傷害，讓我痛苦到幾乎無法原諒對方！至於這個體驗將以什麼樣的事件出現在我的生命中，我還沒有特定的計畫，這部分可以與想幫助我的同伴一起討論。我想，可能是因為對方讓我遭遇了天大的財物損失，鉅額的程度讓我的人生一夕崩裂，甚至失去活下去的能力，或是失去我最重要的人事物，又或是他可能害死我的家人，或讓我終生殘廢，重要的是，這份傷害原來是可以避免的，只是因為對方的粗心、一時偷懶而釀成重大的遺憾。總之，不管是以何種事件出現，重點是讓我透過這個過程往內在發現自己，從這個超級痛苦中產生覺醒，進一步落實到生命中——放下過去，包容生命，接著往前繼續我的人生……當然，我也就能夠原諒對方了。」

「好！我們就這麼約定吧！因為我正好想要體驗第一關的『寬恕自己』！」那個路過的靈魂同學爽快答應了。

「真是太好了！非常謝謝你願意幫助我！」你開心地和那位路過的靈魂同學約好時間，討論接下來的細節，並且彼此鼓勵，希望

雙方都能夠按照計畫進行，也互相提醒要避開人格封印等的阻礙與陷阱，更祝福對方順利完成自己的體驗主題。

　　這個投胎先修班的譬喻是不是很有啟發與療癒的力量？除了讓我們理解不要以單一事件去論斷好壞，而是以更廣大、更深層的意涵解讀這些人生波折，同時，也讓我們從習慣性的「命運受害者視角」轉換成「人生創造者視角」，看待生命中的一切。

　　當生命中的某個事件發生，尤其是我們不想要的情況時，我們都會習慣性地拒絕或是反抗。用力抗拒生命的結果，會在我們的心裡打上一個結，在能量場上形成一個萎縮點，同時也阻礙了原本生命計畫的自然流動。但是，**不抗拒生命並非不採取作為，而是換一種角度思考，採取新的人生觀**，將原本的反抗力量轉化成順勢而行的力量，然後繼續前進體驗你的人生。

　　把自己從「命運被害者」轉換成「人生創造者」，不代表你的人生從此就會變得輕鬆容易。而是當你以新的角度面對生命中的關卡時，你不會鑽牛角尖地把關卡視為負面的阻礙，反而會理解這些關卡是來幫助你的靈性成長、發現自己的某些潛能的。你也就能夠看清，其實真的沒有必要在這個關卡帶來的痛苦上，再給自己增加無謂的折磨。

　　一旦理解自己是可以化痛苦為成長的人生創造者後，你就會發現，生命不會丟給你無法消化的事件，這些事件都是事後看起來「剛剛好」的生命遭遇，因為，一切都是順著你投胎前的計畫完美開展！

　　此刻的我們雖然在地球上有個肉體，也正在經歷某種具象的經驗，然而，這個肉體並不是我們的全部。肉體是神識的載體，是體驗物質的媒介，祂當然有其神聖且重要的功能，可是以能量狀態呈現著的神識，才是真實的自己。

　　有一天當我們離開了這個肉體，離開了地球，回到投胎先修班，我們還是真實的自己——那股純粹的能量。屆時我們會從「人生播放機」中，回顧曾經在地球上的生活剪輯，希望我們不會懊悔連連地說：「為什麼我當初沒有看清楚這個事件的背後意義？！」、「為什麼我要那麼執著於自尊，錯過了能夠讓自己體驗更多的機會！」、「看來還得再投胎重來一遍了！」

　　還好，九型圖提供我們一個「時空膠囊」，幫助已經來到地球的我們「憶起」自己在投胎前的計畫，這個時空膠囊就是「九型心光密碼」，當中包括了「九型人格密碼」、「九型藍圖密碼」、「九型能量密碼」與「九型意識密碼」。本章節的「九型能量密碼」著重在認識你的幾何結構——就像是「個人的宇宙模型」。你可以選擇強化既有的結構，也可以如補上碎片般地，建構出新的結構迴路去圓滿它。

● 讓一個人忘記出生時的創傷，是宇宙所給出的第一份獻禮

　　讓我們再度回到投胎先修班的時空現場。

　　你和你的靈魂同學們還沒投生進入肉體前，都是一團一團的純粹能量。帶著彼此的生命約定，在各自選好的九型光流下誕生。你興奮地進入你選擇的光流中，一陣上衝下洗後降落在地球。然而，因為維度的轉變，瞬間的衝擊讓你的能量體炸裂，能量變得破碎，甚至還遺失了一些碎片，讓你記不得全部的自己，因此忘記了自己的真實身分。

　　對於「自己是誰」這件事，你只能倚靠你的各個感官、父母與周遭人們對你的評論，以及在世界中遇到的事件等資訊，重塑對自己的認識。

也因此你逐漸發展出一個全新的自我——小我，也就是「人性的自己」，這與真實的你——寬廣充滿愛的「神性的自己」，天差地別。

接下來，因為你忘記了投胎前為自己準備好的靈魂計畫——九型心光密碼，所以為了搞懂你在經歷的事件中展開的人生，你會在大腦裡編出很多故事情節，解釋為什麼會有種種的負面感受，例如：你不明白為什麼經常有不安全感，又是什麼引起了你的不安全感，這些對你的人生來說，究竟有些什麼意義……而上述的這些故事情節會強化你大腦中的信念，形成制約，並與你的九型人格密碼串連起來，組成九型人格機制。人格小我也會讓你離真實的自己更遠。

一出生就經歷「忘記自己」的這個事件，表面上看似很糟，但是誠如電影《靈魂急轉彎》裡的經典台詞：「讓一個人忘記出生時的創傷，是宇宙給出的第一份獻禮。」如果沒有忘記，哪來的憶起呢？我們一出生，**宇宙就為我們指出了人生的方向——記起你自己。**

所有人都會經歷這個能量崩裂四散、忘記自我的過程，或許在程度上強弱不一，的確也有少數人還記得那個真實的自己，或是透過一些方法幫助自己醒過來。但是大多數的人和你我一樣，非得經過一些人生事件的洗禮後，才會讓我們去思考自己究竟是誰、是什麼？

記起真實的自己，才能夠以高維能量的視角，經歷人生已經設定好的挑戰。在體驗人生的同時，也把自己的能量體整合回來。隨著不斷把四散失落的能量片段整合起來，我們可以建立新的迴路，發展出更開闊、更高維的人生視角，而那些人生事件帶來的創傷、錯誤、萎縮和痛苦便不復存在。我們會知道，除了過去認定的生活方式外，原來還有更多的選擇。但是，**如果選擇不去記起真實的自己，就會繼續以人格小我的視角解釋人生**，很可能就會不斷上演「命運受害者」的輪迴情節。

那麼，如何透過九型圖系統憶起那個真實的自己呢？

　　我聽到幾位朋友分享在欣賞《靈魂急轉彎》時，讓他們有感落淚的片段，大多是 22 號靈魂投身在男主角身上後，日常生活中經歷到的微小幸福時刻：嚼一塊美味的薄餅、平時沒空抬頭欣賞的藍天白雲、驟然落下的一枚花瓣、母親的嘮叨……當男主角怎麼都喚不醒迷失自我的 22 號靈魂時，靈機一動把一枚花瓣放進了 22 號靈魂的手掌心……很多人在這個場景哭了出來。因為，那一枚花瓣有著 22 號靈魂在地球上的美好記憶。

　　正如那一枚能夠喚醒 22 號靈魂的花瓣，九型圖系統中也有我們累世捨不得放下的珍視記憶。**九型能量密碼——你靈魂的 DNA，構成每個能量體的四個關鍵質點與相互串連起的迴路**。在九型圖上，每個人原本都是強大完整的能量體。

　　九型圖系統的終極目的不僅是幫我們找到人格類型、解決人際問題、研究童年創傷，更是**幫助我們去實踐「神性的自己」、活出「有靈魂的自己」**。當我們的注意力放在「哪裡有狀況」時，就會鑽進「頭腦」裡尋找解決方案，這部分在傳統的九型人格中，已經為大家熟知使用。但是，我一直強調九型圖系統能夠提供的遠不止於「頭腦維度的九型」。

　　想進入九型能量密碼的維度中，九型圖要我們先去探究，我們到底是由什麼所組成的。有了這個維度的認知，才能夠清楚地知曉，什麼是我們的真實本質。傳說中那個充滿創意、不受限制、潛力無窮的自己究竟是什麼模樣。

⬢ 在九型圖上，
每個人原本就是強大完整的能量體

一切都是能量。

我們每個人都是能量。人類五官感知覺察到的物質世界，其實是能量經過壓縮後，密集到我們得以透過觸覺感受。物質是被壓縮過的能量，同樣的，聲波、腦波、光波，甚至人格習氣所產生的一種「氣場」等也都是能量，只是被壓縮的程度不同，而產生不同的密度。在身體這個有實體軀殼、具象的形態之下，你我都是純粹的、有意識的能量團。

簡單說，我們就是由能量組成的立體生物。我們的身體、情緒、心智都是能量！透過九型能量密碼，可以解讀自己是由哪些能量組成的。更進一步，可以學習如何將這些既有的能量串連起來，或是帶進新的九型能量創造新迴路。

每個人的九型能量密碼是由四個錨點組成，代表在身體、情感、心智與能量上的基地台。你可以想像：這四個錨點就像是四個能量的匯聚點，除了各自轉動（或是停滯）外，彼此連結組合起來也會形成特定的迴路，而且各自有特定的名稱與意涵。這部分我將陸續整理出來，因為這對完整解讀及深入運用九型能量密碼迴路組合來說，是非常重要的資訊。**九型能量密碼是從能量層面來認識自己，並且創造出你想要的自己。**

我的經驗是，**許多人一旦站在能量的維度檢視自己的狀態時，「人格的自己」通常就會瞬間鬆開，而「神性的自己」得以在此時美妙綻放！**

還記得從投胎先修班畢業後，來到地球時經歷的能量炸裂嗎？因為失落的能量碎片讓我們不記得全部的自己，以為自己就只是這具身體，頭腦的所思所想則代表了自己。為了能夠適應地球上的生活，不得不發

展出一個「身分」，那就是我們的九型人格密碼。人格是我們以頭腦活在人間的衍生品。人格的自己為了安全活下去，會有恐懼、有慾望、被驅動；不滿足時會受傷、憤怒，滿足時會執著、追求更多……。

　　這個人格代表的身分使我們有許多的煩惱與委屈，這也是此趟生命旅程中所有問題的源頭，讓我們看不見自己的真實本質，總覺得自己少了些什麼，然後驅使我們花費大部分的時間與精力，去彌補那份不足的感覺。但是，如果是從物質世界中尋求滿足，遲早還是會感到空虛與失落，找不到真正的滿足感。

　　因為，我們投身過程中產生失落的能量碎片，只能由該能量來填補。首先我們必須得先理解自己是一團能量，只是使用了這個身體方便在地球上生活；然後，**再從九型能量密碼中查看自己具備了哪些能量迴路，又有哪些能量不見了**。

　　每個人都是由九型能量密碼中的四個錨點所組成獨一無二的個體，這四個錨點能量以不同的方式與比重，匯集在每個人的身上。同時，從這四個錨點彼此的連線中，可以推演出我們失落了哪些能量碎片。

　　別忘了在九型圖上，我們原本就是完整且強大的能量體，只是因為投身地球時的震盪，包括先天的能量四散與後天的環境影響，讓我們暫時失去了與全部的自己的連結。想要喚醒神性的自己，必須對自己的身體、情感、心智與能量層面有所掌握，讓它們一起發揮作用，而不是偏重某一個層面。

　　現在，就讓我們來認識九型能量密碼中的四個錨點代表的意涵。這四個錨點可以在專業付費版「九型心光密碼 App」上，輸入西元曆的出生日期與時辰計算得知。在本書中則會分享如何計算出「身體錨點」。

（一）身體錨點

　　狹義指的是我們在地球上的載具，也就是這個肉身。廣義則代表一個人的本能反應機制與生存意識。從這個錨點可以解讀關於一個人的身體基質、五感設定、對物質生活的要求或是價值觀、求生意志……。

　　在物質世界中與我們最親密的應該就是自己的身體了，但是我們往往忽略了這個身軀是一台高度精密，又會偷聽我們內心悄悄話的工具。首先，講到精密的身體功能，不得不讚嘆這副肉身是一個完美齊全又極端複雜的設備，每分每秒都在處理身體內外發生的大小事，呼吸、思考、四肢行動、吃飯、上廁所……還有身體內各項器官與系統的運作，包括自主與非自主的神經傳達等，如此不可思議，超乎人類的想像！所以人們才會願意相信，一定有個造物者在創造這一切。

　　近來科學界也已經從各方面加以證實，身體會偷聽我們內心的低語：我們的意識會對身體產生直接的影響。甚至瑜伽行者能夠透過意識來改變身體的溫度、生理需求……都已經不是新聞。

　　因此，九型能量密碼中的「身體錨點」可以告訴你關於身體的祕密訊息。根據代表身體錨點的九型數字，將可以洞悉外在物質是如何對你的身體內部產生影響，會觸動哪一個領域的能量；同時，更可以透過與其他錨點的組合，搭配你的九型人格密碼，探索該如何超越生存維度的限制。

　　當然，想要超越身體的限制是非常不容易的，畢竟當身體出現病痛時，人們很難再去想任何事，也不會有更多的慾望，唯一的願望應該就是希望疼痛趕快消失吧。不過，如果你去問一位瑜伽行者，相信他會非常肯定地告訴你，練習瑜伽體位絕對可以超越身體的限制。體位（Asana）的意思是「姿勢」，其實也就是一種「人體的幾何形」，而九型能

量密碼也是一種體位密碼，是以九型圖的數字與排列勾勒出的結構。

　　就算你目前不會瑜伽也沒關係，第一步至少可以參考身體錨點的九型數字，找出適合你身體的飲食形態、生活作息方式、運動練習……持之以恆，就算還無法超越身體的限制，至少可以盡量不讓身體成為你地球旅行的障礙。

　　我個人的身體錨點是九型圖中的「四」號，意味著我的身體基質「敏感」、「容易受情緒影響」；同時，也意味在現實中比較容易落入「不切實際」的生活態度。其實我的四個錨點中，出現的數字「四」不少，或許這也是我特別傾向身心靈領域的原因之一吧！**而身體錨點也是我們可以「定在神性的自己」的最快方式**。比方對錨點是四的我來說，創造重要時刻的「儀式感」，是能夠幫助我快速回到內在核心的極佳方式。

（二）情感錨點

　　狹義指的是我們的情緒感受。廣義則代表一個人所能夠感受或是感知的頻率。從這個錨點可以解讀一個人對情感處理與表達的方式、幫助這個人產生覺醒的關鍵情緒能量是什麼，以及他在九型圖上，最容易敞開也最容易覺得被攻擊的點在哪裡……。

　　在九型能量密碼中將「情感」與「心智」拆成兩個錨點，雖然我認為情感與心智是很難一刀切分的，那是「大腦神經」的綜合作用，我們有什麼想法，就會對應產生某個感受。不過，我也能夠理解為什麼九型圖系統要將情感與心智做區隔，因為有些人目前還無法覺察，自己的思想念頭對身體與情緒的影響；而有些人則會過度使用思想，嘗試用頭腦思考去解決湧出的情緒。我想這也是為什麼近代最先接收九型圖訊息的「九型圖之父——葛吉夫」，他基本上也是主張「本能」、「情感」、「心

智」的分類。

　　如果你也開始**嘗試畫出自己或是每日的九型能量密碼幾何結構圖**，就會發現，**感情與心智的迴路未必是一樣的路徑**，而且很可能有極大的差別。但是，這並不代表你的心和腦絕對是衝突的，而是你在處理思想與情感的方式是兩極的，重點是自己有沒有覺察到這個情況，除了要理解自己的矛盾外，也要懂得如何借力使力運用情感與心智的能量。

　　M 是一位小企業主，她本身的九型人格密碼是「第一型──正確主義型」，九型能量密碼的心智錨點在「三」，有趣的是，她的情感錨點卻在「六」。人格類型屬第一型的她，一直以來都盡力保持人生各領域的「秩序感」，尤其遇到困難或是挫折時，第一型的核心恐懼會警鈴大作，驅使她想要對自己的人生或是生活有更多的「控制感」。再加上她「心智錨點──三」的能量，讓她總是夠說服自己：「決定好就趕快去做！不需要浪費時間在感受上。」

　　然而，人生是這樣的，祂總是會一次又一次地增加強度，想要喚醒我們。

　　一年前，M 失去了女兒，她當然悲痛欲絕，尤其事情發生在她毫無心理準備的情況下。即使如此，她還是強忍著巨大悲傷繼續工作，因為公司總是要營運下去，她還得對員工與客戶負責。幾個月前一次偶遇女兒的同班同學，她形容當場感受到一股強大的能量，很空很空地從心輪散開。其實，這就是一種「能量潰散」後所產生「空空的」感覺。

　　她強忍內心的悲傷一路衝回家，癱倒在沙發上放聲大哭。她感覺到全身的每個細胞都在哭泣。她不想再抗拒，放棄了那個想要拉回一切的「自己」。她突然想起她的情感錨點是六，內心剎時清楚浮上一個知曉：「一直都在一起。」她說這個知曉帶給她一種非常安心又有力量的感覺。

　　六這個數字在九型圖系統中代表的是「盟友」、「支持」、「宣洩」，

表現在情感錨點層面是需要傾聽與支持、需要找人聊聊。但是 M 一直都將情感強鎖在心裡，也不允許自己去碰觸。由於九型數字六對應的脈輪是心輪，平時對脈輪有點研究的 M，開始使用她理解的九型脈輪平衡方式去幫助自己。

事後 M 與我分享她的近況，她說：「經過那一次的放手，我發現當我不再要求一切變得更好時，一切居然自動地比以前好！」

其實那是因為 M 的心態改變了。幫助她做出改變的關鍵點之一，是她願意讓情感錨點接手處理。

（三）心智錨點

狹義指的是我們的思考模式。廣義則代表一個人的思想和信念等。從「心智錨點」可以解讀一個人很容易產生認同感的議題或是領域，以及這個感受造成的束縛與偏見；同時，也可以挖掘出這個人在九型圖上的哪一個領域，有強大的顯化能力。

根據出生日期計算出心智錨點的九型數字，未必與其九型人格密碼的數字一樣，雖然兩者都會反映出這個人的「思考邏輯」與「思想運轉」等。但是九型人格密碼屬於人格的防禦機制，此時心智運轉的重點在「自我保護」，所以會偏向戒備、不斷與過去經驗做比較、擔心潛在危險。**九型能量密碼中的心智錨點則是少了「人格濾鏡」的影響，多了「靈性的安排」，也就是你的靈魂原本幫你設定好的「思維程式」。**

不過，雖然靈魂已經幫你預設好了思維程式，還是可能會因為人格機制的防禦思考模式失衡，導致原本預設好的思維程式出現短路。這其實是大部分的人在還沒有覺醒之前容易出現的狀況。因此，如何幫助我們恢復預設的思維程式，而且讓這個程式能夠有效運作、發揮功能，是

心智錨點的任務之一。

我的一位美髮師舊識 Ruby，剛好有著這麼有趣的組合：她的九型人格密碼是「第二型──服務型」，心智錨點卻是天差地遠的九型數字：五。凡是上過我教授的九型人格課程的同學都知道，我總是戲稱「**二與五**」、「**四與七**」的組合是「**神鬼奇航**」！因為屬性的差異最大，當然，彼此的吸引力以及造成的能量波也就最大。

Ruby 是一位開朗、充滿朝氣與活力的虔誠基督徒，跟她在一起總是能夠感受到「被愛籠罩」的幸福。她本身的「二」人格類型，更加強了博愛與熱情的特質。但是，我總是對她能夠很冷靜、理性地面對自己的愛情狀況，以及她經常建議客人在愛情實戰攻防中，要動腦而不是憑感覺，感到有點驚訝！甚至一度懷疑她會不會不是二型人，因為二型人很重感覺。

直到這麼多年後有了九型圖系統的出現，根據出生日期查出她的心智錨點是五，情感錨點是三，這麼「理性派」的心腦組合，算是解開了我心中多年的謎團！但是，也同時驗證到一件事，我觀察 Ruby 的自我覺察意識已經開啟，所以，她的「預設思維程式──心智錨點」才能夠越過人格機制的防禦思考模式，不受影響地發揮功能。

（四）能量錨點

狹義指的是我們在身體、情感與心智方面累積下來的能量。廣義則代表一個人的本質，那個純粹的能量體。每個人都可以根據自己「能量錨點」的九型數字，找出適合自己能量體的飲食、穿著、淨化方式、靈性提升路徑、瑜伽體位、脈輪練習……。

不過，即使是能量體，它仍然屬於物質層面，但是是一種更精微的

存在。有些人天生能夠感知到能量，而大部分的人隨著覺醒、靈性提升的過程中，自然也能逐漸感知能量的變化。各種靈性練習都有機會強化我們的能量錨點，健康飲食與規律的作息，更可以直接作用在能量錨點上，幫助能量順流。對於突然出現的情緒引起的能量潰散，如果平時沒有建立起能量迴路，潰散的能量就很可能亂竄或是形成能量碎片，變成能量流的障礙物，擾亂原有的平衡。

　　我們的本質——純粹的能量體本來就是完美無缺的，只是因為沒有覺醒的小我人格產生的好惡執著，造成能量體不同程度的潰散。當能量四散時，連帶著身體、情感、心智等也會變得遲鈍、不夠清明，就會誤以為我們得往外找回自己。殊不知向外尋求只會強化人格的生存驅力，不僅造成恐懼和壓力，在惡性循環下會把神性的自己推得更遠！

　　雖然九型能量密碼分成四個錨點，但是這四個錨點彼此息息相關，而且是一種「有此才有彼」的連動狀態。想要為能量錨點帶入適當的活力和平衡，進一步幫助這四個錨點更加完整統合，可以參考下一個章節中關於九型圖上每一點的能量意涵，再根據個人的九型圖以及身心狀況，應用在身體、情感、心智與能量各個層面。

　　我在 2020 年開始使用九型能量密碼，同時也將方法分享給諮商的個案，並做後續追蹤觀察，整套系統正逐漸建立中。對我來說，九型能量密碼帶來的「療癒」，是**幫助我覺察到內在更多的特質與面向，以及對於「無限」的體驗**！隨著本書的問世和我在下一個章節的自身經驗分享，祈願有更多的九型好友們加入我，一起使用九型能量密碼，進行「人格——神性」的量子翻轉！

03

運用九型能量密碼，
創造靈魂新迴路

●萬事萬物都是有生命的矩陣。

——《能量醫學》（*Energy Medicine*）作者

詹姆士·歐旭曼博士（James Oschman PhD）

　　多年來科學都在驗證萬物本身就是能量，而且彼此之間是互相連結的。加州大學洛杉磯分校（UCLA）的榮譽教授瓦樂麗·杭特（Dr. Valerie Hunt），使用克里安攝影技術（即電子攝影術）錄製的研究影片顯示，每一個人都被屬於本身的能量場包圍，但是，這個能量場會受到周遭其他能量場的影響產生連帶的變化。例如，當一個人吃下新鮮、完整的食物時（如蔬菜水果類），那麼，他的能量場會變得寬闊、厚實而且

堅固；但是，當他吃下垃圾食物後，他的能量場馬上會變弱，甚至微弱到檢測不出來。

同樣的，人也會受到其他生物能量的影響，例如：經常在一起的人、寵物，甚至是擦肩而過的陌生人，也會帶來一定程度的影響，只是強度與持續時間較短。此外，當一個人唸誦梵咒「唵」，能量場會大十倍。

杭特博士的影片顯示了每個人都有屬於**自己的能量場（生命矩陣）**，並散發出因人而異的特定振動頻率。這個頻率會根據我們接觸外在環境後，產生的身體行為、情緒感受、思考回饋等而發生改變。透過九型能量密碼可以掌握來到地球時，我們在身體、情感、心智三個層面的預設，以及由上述三個方面統合起來的能量預設。也可以知道，如果想更進一步為自己的能量場灌入更適切的力量，可以使用哪幾個九型數字，產生最大的幫助！

因為我們選擇的思想（心智）和情緒（情感），都會直接影響生理的 DNA 與細胞功能（身體）；而我們的 DNA 會影響周遭的世界。由於萬物是互即互入的，是相互影響且存在於彼此的，在調整自我能量場的同時，你的能量場也正影響你周圍的人事物！

這就是為什麼我們正在創造自己存在的實相，我們靠著思想與情緒發出的振動，創造了這個世界的實相，思想與情緒也正是九型圖系統一直在為我們揭示的重要路標。在九型圖系統中，每個人都是獨一無二的能量組合，因為單**以九型能量密碼的四個錨點來說，在每個人身上會以不同方式與比例匯集在一起。**

所以接下來的重點便是，我們如何「活化」這些錨點，同時建立適切的能量迴路，讓這些錨點能夠發揮最大的功效。

在愛犬優比和母親相繼離世後的兩年裡，我盡量調整自己換一個心態角度，自我安慰他們的離開成全了我在人間未竟的旅程，讓我可以心

無旁騖地好好研究這個新登場的九型圖系統。

　　然而，我發現自己仍舊一點都提不起勁，經常很容易感到疲累，而且忍不住向關心我的朋友抱怨訴苦……我漸漸成為我經常提醒學員們要保持距離的「負能量散播者」而不自知，因為我關掉了「有靈魂的自己」，也就是我不再「有意識」地去生活，而是「看似朝著人生目標前進，其實是無意識地漂流」，離生命的軌道愈來愈遠。

　　直到有一天，當我發現連朋友的關心居然都讓我感到壓力時，我知道應該要「做點什麼」幫助自己了。只是這一次我想嘗試以能量的方式直接調整自己。我不想用大腦思考分析目前的情境，也不刻意換個角度看待人生，而是**僅用大腦觀察自己，並且跟隨著能量變化自我調整**。我隨後意識到，**這正是「九型人格」轉化自我時所需要的進階內容**。

　　在傳統九型人格的脈絡下，我一般會建議學員或是來諮商的朋友們，要**有意識**地觀察內在念頭與情緒之間的關連，觀察所屬人格類型的人格盲點（恐懼）與人格驅力（慾望），因為，那就是造成生活中煩惱與痛苦的來源。根據「身體心理學」（Somatic psychology）的發現，人遇到創傷導致情緒超載時，無法被處理的部分就會分散到大腦區，儲存在身體裡，其實就是堆放在能量場裡搞破壞。所以我會鼓勵大家透過意識上的覺察，理解自己的起心動念與衍生的情緒，看清是怎麼回事後，自然就不會想摻攪其中，有智慧去瓦解消融這些人格情緒的小劇場。

　　然而，當遇到重大創傷時，單從意識上的理解去調整自我，真的需要很大的內心準備，那並不容易。但如果能從能量層面一起下手，就會事半功倍。我在自己身上就得到極佳的驗證。

　　當時接連遭逢所愛之人離世的我，整日（甚至夜晚做夢）都投入九型圖系統的研究，逐漸發現我對能量的敏感度似乎比以前更強，只要保持在有意識的「覺知狀態」，不用刻意專心，我發出的念想很快就會有

回應的比例大增，回應的速度也變快。對於他人或整件事的「知曉」更加瞭然於心，即使我沒有刻意蒐集資訊，也沒有去判斷推敲，事後都會證明我之前的知曉是近乎事實的。

　　我願意去感知自己內在的能量流，但對於別人的能量流，目前我仍採保留態度，盡量不碰觸。雖然我會感知得到，但我也在學習「視而不見，聽而不聞」的不沾黏，純粹分享我所知道的九型能量密碼等自我調整方法。

　　過去的我雖然相信能量的存在，但是對於自身所感受或是發出的能量，習慣採取「否認」的態度。我知道，這與我在過去生深植的某些信念有關。因此，一直以來我算是某種程度上不接受自己的能力，也可以說是否定自我內在的力量。但就在這次的「自救行動」中，我決定接納自己內在對能量的感知力。

　　我不再以「巧合」、「意外」去否認能量作用的結果，而是接納與感謝內在的認知與指引，透過身體來和能量對話，並讓內在的那股能量流帶領我前進。九型能量密碼中的數字組合，揭露我首先要建立的能量迴路，以及提供我充電的方向。

　　之後，**每當我感到有「能量潰散」的徵兆時，就會使用我的「身體錨點」幫助自己先回到身體裡，並且讓意識進駐。**當身體靜下來後，安全感與祥和感就會逐漸湧出，接著我會運用我的「情感錨點」與「心智錨點」，穩定情緒與思緒。通常這個時候，身體會覺得有一股暖流在流動著。同時，內心也會有一種篤定：我是完整的，這一切都是完整的。**我不需要刻意去做什麼，只管呼吸，**我就在這裡，絕對地存在著。我敞開自己，讓生命中的機遇迎面而來。我無須懷疑，生命旅程中發生的每一件事都是剛剛好的。

　　每次使用九型能量密碼中的前三個錨點後，我都會如充飽了電一

般，感覺整個人滿血復活、輕盈感倍增，然後我便會讓「能量錨點」接管。雖然生活中仍然有待處理的情況，但是心中不再感到壓力或煩惱，不再有內在衝突或自我質疑，取而代之的是一種更開闊且明亮的狀態，就像是站在制高點，視野清晰無遮擋，不需要想太多，只要順從感知到的能量，清楚內在的起心動念，順著能量流，就會非常清楚自己應該如何抉擇。

　　利用四個錨點產生的助力，讓我的內在導引更清明有力。用這種絕對的內在認知來過生活，對九型人格密碼是「第六型——矛盾型」的我來說，人生變得如此簡單與確定，是之前從來沒想像到的！同時，我逐漸體悟到身為能量體的美妙之處，也學習去保護並堅固自己的能量場，依循的指引便是九型圖系統，以及每天的九型能量密碼組合結構。

　　請記得，**所有的生命情境都是宇宙的波動，推著我們朝向偉大自由的自己前進。當宇宙的波動進入九型圖系統中時，便轉化成了九型數字，以延續祂的能量波。**

● 如果你瞭解三、六、九的神奇之處，你就擁有通往宇宙的鑰匙。

—— 天才科學家 尼古拉・特斯拉（Nikola Tesla）

　　數字是宇宙對人類的低語，也是宇宙與人類溝通的媒介之一。換句話說，當宇宙想幫你或是給你線索時，會以人類可以接收到的方式——透過數字傳達，前提是我們要先理解數字的意涵。比方說，如果你學習過「數字學」，可能就會留意從手機、電腦，甚至是無意中看見的數字，

解讀宇宙給你的訊息；又或是你接觸過「生命靈數」，那麼你就可以從出生年月日計算出你的生命靈數，進一步以生命靈數的法則解讀。

　　而當宇宙透過九型圖提供線索時，我們就得依照九型圖系統的數字意涵來解釋。

　　在九型圖系統中，除了過去以人格測驗或是自我驗證方式，找到自己的人格主導型（即九型人格密碼），掌握自我人格特質群外，現在，你更可以從出生日期與時辰計算出你的九型能量密碼，瞭解你在身體、情感、心智和能量上的構成。

　　我個人傾向以「數字頻率」的角度，解釋九型圖上的九個數字，因為組成你九型能量密碼中的四個錨定數字，在九型圖系統中，是有特定形狀與比例的，而且可以由數字意涵轉化為視覺表現，那是你的「靈魂曲線圖」，也可以說是你個人特有的「神聖幾何圖形」。

　　三、六、九這三個數字是九型圖的「母點」，也是九種人格中的「三原型」，從三、六、九分別延伸出二和四、五和七、八和一。不論是「九型人格密碼」、「九型藍圖密碼」、「九型能量密碼」，甚至到最深入的「九型意識密碼」，解讀的基石原則都是每個數字在九型圖上的核心意涵。

　　每個人的九型能量密碼都預設了四個錨點，除了代表在身體、情感、心智與能量上的原始設定外，四個錨點各自連結組合，會形成特定的迴路，每一條迴路皆有其專有名稱，代表不同的意涵。在本書中我先以「身體錨點」的角度，介紹九型圖數字在「身體——物質」層面上的核心意涵。若想更進一步得知四個錨定數字，可以準備好你的西元出生年月日時，使用專業付費版的「九型心光密碼 App」計算 （目前提供 Android 版本）。

⬣ 解碼你的「九型能量密碼──身體錨點」

　　為了找回自己，一定要有意識地以能量體的方式生活在物質世界裡。首先，要學習以能量層面看待與理解我們的肉身。中醫的經絡系統、印度瑜伽的脈輪系統等，都可以幫助我們熟悉「身體被發光能量場包覆」的概念。

　　想像你被包裹在透明或是彩色的球體內，球體振動著彩虹般的磁波，寬度大約是你張開手臂的範圍。是的，每一個人都擁有發光的能量場，這個能量場就環繞在每個人的軀體周圍，不斷供給身體所需的活力、免疫力等。當一個人感到開心時，他的能量場會放大而且變得結實；反之，若一個人感到悲傷，他的能量場會變得狹窄薄弱，甚至出現晃動。我發現，當一個人沒有將意識帶進身體時，能量場也會出現晃動。

　　從九型圖系統來看，這個發光的能量場就是九型能量密碼，身體錨點則是其中的一層。因此，累世的經驗都會在這個發光的能量場上，留下各式的印記，成為你預設中的一部分。這一次到地球來，你有機會可以為自己建構出所需的「能量迴路」，讓能量順利流動，消融累世的印記。

如何計算九型能量密碼中的身體錨點數字

　　1. 將西元年數字相加到最後得到的個位數。

　　2. 例如：小美生於 1987 年。1987＝1＋9＋8＋7＝25，2＋5＝7。

　　數字 7 對應到九型圖便是「九型數字七」，這即是小美九型能量密碼中的第一個原點，也就是身體錨點數字，代表小美在「身體──物質」層面上的原始設定。

【九型數字一】

- **核心意涵：新的開始 VS. 守住傳統；正確度 VS. 合適性**
- **種子元素：明亮 VS. 渾沌**
- **身體潛質：行動力 VS. 急躁感**
  （**透明的白光**）
- **飲食密碼：汁液濃稠的食材或料理**
- **對應脈輪：神性**
- **芳療精油：樹脂類**
- **心靈養分：自在**

　　這是九型圖上的第一個點，也是主掌宇宙秩序的位置。擁有一數的人，不論人格類型是一，或是個人的九型心光密碼中任一種密碼組合內有一數，在內心深處，都有一種股想完成某項神聖使命的動力，或是對靈性的渴望。

　　一數對應到神性，是宇宙的中心，也是萬物的初始點，是傳說中的源頭所在處，是從未出生也從未死亡的自我。印加的古老傳統稱其為第九脈輪，主要是因為不知道該如何命名這個神聖的場域。這個場域在十二億萬年前，從一個單一，再化成宇宙間千千萬萬的形體。這樣神奇超凡又不斷改變與超越自我本身的力量，對九型人格密碼是「第一型──正確主義型」的朋友們來說應該很有共鳴吧！「不斷修正，前進，再修正」是一數人的命定呀！

　　當身體錨點落在一數，「釋放自己」是最好的滋養來源。保持彈性的飲食與作息，傾聽身體的需要而不是按表操課。當錨點是開啟的，一切都是透明無礙的，所有能量流都會輕鬆地來去。但是如果錨點是封閉

的，就很容易落入追尋至善至美的迷思中。

【九型數字二】

- ● 核心意涵：付出 VS. 佔有；親密 VS. 黏著
- ● 種子元素：無我 VS. 我執
- ● 身體潛質：敞開 VS. 透支
  （身體與炁場結構）
- ● 飲食密碼：天然食補
- ● 對應脈輪：元氣
- ● 芳療精油：藥草類
- ● 心靈養分：謙虛

　　這是九型圖上讓人感受到「存在」與「關係」的位置，從累世祖先的記憶，一直到當下的每一念，一旦二數這個位置有正確運轉，過去、今生，甚至來生的資料線將可自由存取。擁有二數的人，不論人格類型是二，或是個人的九型心光密碼中任一種密碼組合內有二數，家庭觀念或是家族議題將會是他生命中的重要經歷。

　　二數對應到元氣場，在印加文化的古老傳承中有「神聖之源」的比喻，相傳能夠連結到靈魂的原型，讀取所有的印記，包括疾病、潛能、各種生命遭遇……。這個場域中有所謂闇黑力量的低頻存在，像是既不生、也不死，如夢魘一般的境地。不過，只要保持較高的頻率（例如：正向、善意等），那些較低的頻率自然不會被吸引進入你的脈輪平台上。

　　因此，當身體錨點落在二數，「正念」是最好的滋養來源。當錨點是開啟的，會散發出如太陽般閃耀的光芒，遍照在個人的能量場上；此時

身體的節奏與宇宙的節奏是和諧一致的。但是如果該錨點是封閉的，就很容易失去對自我身心的覺察，甚至受到無形世界力量的干擾與影響。

【九型數字三】

- 核心意涵：真實 VS. 虛假；實力 VS. 借力
- 種子元素：無我 VS. 我執；流動 VS. 佔有
- 身體潛質：精力 VS. 過勞
  （賀爾蒙平衡；退化）
- 飲食密碼：彩虹飲食
- 對應脈輪：頂輪
- 芳療精油：花朵類
- 心靈養分：誠實

我覺得這是九型圖上一個充滿陽光、朝氣十足與希望感滿滿的位置，因為人為的努力與宇宙的祝福在此相會。擁有三數的人，不論他的人格類型是三，或是個人的九型心光密碼中的任一種密碼組合內有三數，都擁有超越存在，甚至是非存在的獨特力量，那是一般人得經過辛苦修煉，到一定的境界方有所得。有意思，「超越」一直是三數的命定之路。我衷心祝福三數人能夠早點往內發現這個強大的天賦。

三數對應到頂輪，從這個脈輪發出的光束，會上達宇宙星辰以及自身的命運場；來自上蒼的神聖光芒也是從這裡進入頭頂，滋養人體內所有的脈輪。在梵的思想裡，獲得頂輪天賦的人已經超越肉身的存在形式，能夠在時空內遨遊，因為他們已經與天地一體了。

當身體錨點落在三數，「陽光」是最好的滋養來源。當錨點是開啟

的，這樣的人很容易有超自我的體驗，尤其遇到身體病痛時，是讓三數人「醒過來」的最佳時刻。但是如果該錨點是封閉的，也很容易出現「假開悟」的狀態，或是被神祕體驗魅惑而沉迷其中。

【九型數字四】

- 核心意涵：感性 VS. 情緒；美感 VS. 幻想
- 種子元素：流動 VS. 佔有
- 身體潛質：敏銳 VS. 敏感
  （腦下垂體；眼睛；神經系統）
- 飲食密碼：五感饗宴
- 對應脈輪：眉心輪
- 芳療精油：種子類
- 心靈養分：平靜

我個人認為這是九型圖上最奇幻的一個位置，因為這裡是通往內心深層意識的門戶，讓人得以挖掘意識底層的大冰山。所以擁有四數的人，不論他的人格類型是四，或是個人九型心光密碼中的任一種密碼組合內有四數，他注定與靈性領域有緣，今生一定會展開超越身體、心理限制，甚至是超個人的神祕狀態體驗。

四數對應到眉心輪，又被稱為第三隻眼。在印度傳統裡，被認為是濕婆（Shiva）的第三隻眼，具有完美真理與非二元性的靈性力量。在許多靈性的教導裡，當這個脈輪是覺醒的，人們會明白自己是誰。我想，對九型人格密碼剛好是「第四型——多感型」的朋友來說，應該會很有感觸，「探究自己」一直是四數的命定之路。

　　當身體錨點落在四數，請盡量保持心情的愉悅，找到生命中讓你感到幸福的時刻，必要時就複製它，是滋養四數身體的好方法。當錨點是開啟的，這樣的人很容易看見自己與別人內在的神性、純真與美好。但是如果錨點是封閉的，則很容易變得太過空靈而無法回到現實世界，對於俗世生活感到不耐，或是不擅長處理生活的現實面。

【九型數字五】

- 核心意涵：創新 VS. 執取；冷靜 VS. 混亂
- 種子元素：全知 VS. 不通透
- 身體潛質：腦發達 VS. 腦衰弱
  （甲狀腺；喉嚨；頸；睡眠狀況）
- 飲食密碼：樸質料理
- 對應脈輪：喉輪
- 芳香精油：葉片類
- 心靈養分：放下

　　我喜歡說這是九型圖上最會變魔術的位置，哈哈！如果你剛好身為九型人格密碼是「第五型——觀察型」的人，那麼從今天起，讓你內在的魔術師現身吧！因為這個位置非常需要被喚醒體內的光，一旦被喚醒，你將能夠擁有神祕的力量（五數的人應該會很感興趣吧！），若領悟命運運作的方式，真正的內觀是很有可能發生的喔！

　　五數對應到喉輪，是個人開啟心靈之眼的入門，梵語的意思是「純潔」。為心的感受發聲。同時，在此醞釀出全方位宇宙觀，超越種族和出生地的狹隘視角，進入萬物同源。

　　當身體錨點落在五數，多運動、培養良好人際關係，絕對是最佳滋養方案。當錨點是開啟的，這樣的人很容易以全方位的宇宙觀看待事情，視野開闊，很容易就和宇宙同步。但是如果錨點是封閉的，則很容易產生自以為是的聰明而不願意傾聽，甚至看輕別人的觀點，變得主觀獨斷。

【九型數字六】

- **核心意涵：相信 VS. 懷疑；內在勇氣 VS. 恐懼力量**
- **種子元素：全知 VS. 不通透；流動 VS. 佔有**
- **身體潛質：平衡 VS. 失序**
  （循環系統；免疫系統）
- **飲食密碼：原味食材**
- **對應脈輪：心輪**
- **芳療精油：果實類**
- **心靈養分：勇氣**

　　這是九型圖上「很容易產生渾沌不明」的位置。身為九型人格密碼是「第六型——矛盾型」的朋友們，應該稍微有點安慰吧。「老師，原來我的本質很 ok，只是剛好遇上的九型數字是六，所以才會有『容易產生矛盾心理』的宿命……」。

　　是的。我們的本質從來就沒有問題，只是累世的經驗與緣分，讓我們身不由己，攜帶著某些能量到這一世來。不過好消息是，在這一世我們可以有意識地把這些能量放下。擁有六數的人，不論他的人格類型是六，或是個人九型心光密碼中的任一種密碼組合內有六數，都對天地萬物懷有大愛的胸襟；心輪的愛從來不僅止於對人或是跟自己有關係的事

物，祂關注的對象是宇宙整體。

六數對應到心輪，是個人能量場的正中心，也是物質與心靈世界的橋樑，梵語的意思是「解開束縛」。從三次元地球的角度來解釋，指的就是掙脫以物質衡量成功的世間價值觀；愉悅、平靜、自由才是心的追求。

當身體錨點落在六數，愛是最好的身體滋養品；最需要被照顧的部分則是免疫系統。當錨點是開啟的，這樣的人很容易就體驗到愛，自然而然地成為愛本身。但是如果錨點是封閉的，則很容易變得自我沉迷、逃避愛，或是一直渴望找到「靈魂伴侶」，來填補不接納自己的空洞感……。

【九型數字七】

- 核心意涵：自由 VS. 物欲；最好的安排 VS. 逃避當下
- 種子元素：流動 VS. 佔有
- 身體潛質：爆發力 VS. 焦躁感
  （胰臟、肝、脾、胃……；儲藏與釋放能量）
- 飲食密碼：香草或辛香料理
- 對應脈輪：本我輪
- 芳療精油：香料類
- 心靈養分：節制

我常戲說這是九型圖上「最懂如何招蜂引蝶搖」的位置，哈哈！我想這應該是九型圖系統中「黃風鈴花殿堂」光域能量的關係吧！所以擁有七數的人，不論他的人格類型是七，或是個人九型心光密碼中

的任一種密碼組合內有七數，他注定有一顆愛玩的心，與不畏懼表達自我的潛力。

七數對應到本我輪，是個人能量場的中樞。如果正向加以利用，在人世間實現裡，就能夠有清晰的腦力、充沛的體力與堅強的意志力。七數在九型圖上是一個充滿想像力的位置，根據個人的九型能量密碼組合，建立適切的能量索，夢想就能更順利地成真。在我的觀察中，七數遇上五數是最具實踐夢想能量的組合，因為這兩數若天時地利的形成「天才迴路」（7-5）與「天馬迴路」（5-8），那真的是萬事具備又有東風。

當身體錨點落在七數，是個人意志力的展現，自己就是命運的創造者與主宰者。當錨點是開啟的，這樣的人不會給自己設下種種限制，具有無畏無懼的堅強意志力。但是如果錨點是封閉的，則很容易變得自我膨脹、腸胃失序、容易發脾氣，或是經常感到疲勞……。

【九型數字八】

- ● 核心意涵：權力 VS. 壓迫；豐盛 VS. 慾望
- ● 種子元素：向內淨化 VS. 向外焚燒
- ● 身體潛質：充沛 VS. 耗盡
  （消解；排泄）
- ● 飲食密碼：當季食材或功能性補品
- ● 對應脈輪：代謝輪
- ● 芳療精油：木質類
- ● 心靈養分：純真

　　這是九型圖上產生「消化——創造」的位置。代表一個「源源不絕」的狀態。所以，擁有八數的人，不論是人格類型是八，或是個人九型心光密碼中的任一種密碼組合內有八數，他的開創力、生產力、創造力……應該都比較容易被激發出來。八數的創造多屬於物質實做的領域，不似四數的人比較偏向心靈層面。

　　八數對應到代謝輪，是專管體內壓力的腺體——腎上線，該腺體是中和「戰或逃反應」的賀爾蒙，會為了保護自己而築起城牆。同時，這個脈輪也負責能量場中的代謝與吸收養分，任何形式的能量都會在此被吸收。所以，慎選你接近的人事物是保護與滋養自己的第一步。

　　當身體錨點落在八數，是青春洋溢、充滿慾望與幻想、非常想要向全世界大聲宣告自己是誰的人。當錨點是開啟的，這樣的人可以純粹而勇敢地面對生活中的大小挑戰，讓生命開花結果。但是如果錨點是封閉的，則很容易無法消化負面情緒、被恐懼與憤怒所吞噬，逃避去愛或是缺乏好好生活的動力。

【九型數字九】

- **核心意涵：沉潛 VS. 停滯；臣服 VS. 自我放棄**
- **種子元素：向內淨化 VS. 向外焚燒；明亮 VS. 渾沌**
- **身體潛質：生命力 VS. 不反應**
  （生存；繁衍；本能）
- **飲食密碼：液態或根部類食物**
- **對應脈輪：海底輪**
- **芳療精油：根部類**
- **心靈養分：和諧**

　　這是九型圖的終點，同時也是起點的位置。代表一個既向內沉潛，但又隨時準備要向外啟動的狀態。兩種力量匯集在九，不論他的人格類型是九，或是個人九型心光密碼中的任一種密碼組合內有九數，內心的矛盾與掙扎感都會比其他人來得高，只是他不像六數會外顯出來，九數是一種暗流，但力量是不容小覷的，因為暗流在心理層面的吞噬力量反而更大。

　　九數對應到海底輪，這個脈輪在瑜伽裡被認為是「亢達里尼」（Kundalini）能量的位置。它的象徵是一條蜷曲的蛇，沉睡在脊柱的末端。在古老神祕傳統的解釋裡，這條吞噬自己尾巴的蛇，代表人們處在自我吞噬的無意識狀態。一旦沉睡的蛇被喚醒，開始伸直身軀，亢達里尼的能量就會沿著脈輪脊柱往上移動。

　　正是這股力量，使得萬物開始活動、生長、繁殖、興盛。九型圖上的九數，正承載了這一股沉潛之後揚升的原始生命能量！只是，能量需要被喚醒，將九型能量密碼連結起來並給予適切的力量，如此數字九才不會如沉睡般沒有活力。

　　當身體錨點落在九數，代表特別看重生存、娛樂與感官享受。當錨點是開啟的，這樣的人可以似孩子一般，明亮單純地享受人生；但是如果錨點是封閉的，則很容易逃避現實、被感官所吞噬，盲目追求物質世界的滿足。

第四部

九型意識密碼

是你的高維智慧入口

01

遇見全部的自己

⬣ 透過覺察與呼吸，進入意識的另一個維度

數年前和幾位身心靈老師們在一次的小旅行中，探訪了一座據說蘊含強大「列木里亞」（Lemurian）[1]能量的森林場。大家輪流觸摸一顆傳聞有特殊能量場的巨石。當下我其實沒有什麼特別的感覺，返家數日後，我的心輪下方開始長出小疹子，出現發燒、痛癢等症狀。或許是藥物作用，又或許是身體實在太難受，我的意識常常被拉到身體層面，因此我盡量讓自己將注意力放在呼吸上，希望藉此轉移身體不適的感覺。

某夜，身體的不舒服讓我輾轉難眠，我只能持續放慢、放深地呼吸著。突然間，一個穩重的聲音清楚響起：「讓自己化為意識吧！」我其實有些驚訝，因為那聲音太清晰且立體了！就像是有人在耳邊說話，不

像以往那種「純內心的知曉」。當下我選擇順服，但是我不知道該如何「化為意識」，我能做的就是繼續關注呼吸，關注內在那股「正在呼吸」的生命力，那是我平日能夠感受到的能量體，祂正在我的身體內慢慢地膨脹。

剎那間，我感受不到我的身體了，沒有四肢的擺放重量、沒有熱癢，更沒有疼痛，甚至好像也感受不到所謂脫離身體的輕盈，因為一種膨脹的感覺更加強烈，充滿了整個房間！而且還在不斷地放大，無邊無際……我「看」不到什麼，但是也沒想去「看」。就在我覺得整個人似乎要「崩解」的時候，我動了念想：「接下來呢？我會怎麼樣？還是回到身體吧！」就這樣，當意識落回到身體之後，身體的不適感瞬間又回來了。

那時期的我已經在著手整理九型圖系統的訊息資料，而這次化為意識的經驗，讓我更加確定以「意識層」詮釋九型圖，會是一個必要且重要的切入點。

其實，在此次化為意識的經驗前後，我也曾有多次與意識交流的體驗，「那個意識——本我」一直都在，只是我們有沒有找到入口。我相信，只要大家找到能夠幫助自己進入「意識維度」的方法，人人都可以進行與內在意識的交流。

記得有一次，是一位鑽研馬雅曆的好友與我分享「喝草藥」的神祕體驗，讓我很明確且深刻地再次感受到「意識的力量」。那時我剛接收到九型圖的高維訊息，內心激動卻又不知道所接收的是否即是。當時的

---

1. 參考《列木里亞之女》（*THE WOMEN OF LEMURIA*）—— p.14，莫妮卡·穆嵐霓／安柏·梅里哈·渥夫博士（Monika Muranyi & Dr. Amber Mele'ha Wolf）著，一中心。

我可能還不是那麼相信自己吧,很想要獲得某個「認證」或是「肯定」,甚至心裡會想:「還有沒有更多的訊息呢?」於是,在聽完好友喝草藥後「開啟管道」的經驗,我也想試試看。

只是一直以來,我對於「能量」、「開啟」……這樣的事情都是不碰觸的,因為隨著我愈瞭解能量,對能量的來源就愈謹慎。但是當時的我太想要與九型圖做更多的連結,於是報名了兩天一夜的喝草藥體驗。就在我完成報名後,突然就開始頭痛,離喝草藥的日子愈接近,頭就痛得愈厲害。好友認為是我的內心本來就排斥這件事,所以自然會有身體的反應。

我個人是認同「心理會影響生理」的,但我更在意的是,這到底是小我慣性在抗拒,還是高維意識在提醒。最後我決定跟內在對話,我誠懇地表達:「如果我不適合以喝草藥的方式與高維連結,就請停止頭痛吧。」幾乎就在同一瞬間,頭痛居然停止了!既然意識給我這麼明確的回應,我也就決定放棄喝草藥的體驗。同時更加確定,我要靠內在的力量來接通,而非外物。

另一次讓我難忘的意識交流,絕對是與巴巴吉大師(Mahavatar Babaji)[2]的神聖片刻。當時我一時興起,閱讀了印度靈性大師——尤迦南達(Yogananda)所撰寫的《一個瑜伽行者的自傳》,講述到我從沒聽聞過的「巴巴吉大師」的篇章時,強大的能量從頭頂灌入,這是我第一次感受到那麼強烈、如雷電颶浪一般的意識流力量,非常光明熾亮,但是卻溫暖舒服地像整個靈魂被擁抱在懷裡,當中有大量的愛與祝福衝擊著我!

我知曉到開頭那一句:「我親愛的孩子……」瞬間讓我淚崩!那個頻率好熟悉,讓我感到非常安心,好像什麼都可以不用去管,平靜匍匐在地,感動又不捨地淚流滿面。這個從不在我靈性追尋領域裡的意識流,

偶然相遇卻驀然開啟了我人生的另一個維度。那次與巴巴吉大師交流的內容也請容我暫時保留，待有適當的時機再做分享了。

　　自此我內心清楚知曉，所有關於「意識」的體驗，包括傳統九型人格中的人格意識，以及後來的高維意識，都將成為日後我分享九型圖系統的基石與引導。

◉ 每個人都擁有多重人格意識

　　大部分的人在接觸九型人格學理與測驗後，會發現自己好像分屬於幾個不同的人格類型。有些人的第一反應是驚喜：「哇，我原來是這樣不簡單的人呀！酷！」有些人的第一反應則是擔憂：「啊，怎麼辦！我是不是人格分裂？！」

　　瞧，主導人格類型的影響力就在這裡！它會讓不同主導人格類型的人在第一時間做出南轅北轍的反應；如果要再細分，同樣持悲觀角度的兩個人，因為主導人格類型的不同，內心動機也是截然不同的。

　　而在第一時間反應過後，每個人跳脫主導人格掌控，恢復清明判斷力的時間也各不相同，這與每個人的自我覺察程度有關，愈能夠自我覺察到「正在被人格所影響」的人，自然比較容易恢復清明的思維。但無論如何，主導人格類型就是會讓人在第一時間，不由自主地被人格慣性帶走。

---

2. 參考《一個瑜伽行者的自傳》（*Autobiography of a Yogi*）——p.364，尤迦南達著，紅桌文化。

　　其次，許多已經找到九型主導人格類型的朋友也會有個困惑：「為什麼我明明個性樂觀、大而化之，但是只要一遇到愛情，就成了極度沒有安全感，凡事都往壞處想的悲觀者？」

　　或許你也有過類似的經驗，只要一遇到某個人，或是某個人生處境和領域，就會像變了一個人似的，做出不同於平常的反應，跑出另一個人格類型的「分身」去面對。

　　從九型意識密碼的角度來看，這些反應都屬正常，因為每個人本來就是「一團」意識的組合。在九型人格學理中也有說明，每個人都是九大人格類型的綜合體，但是一定會有一個主導人格類型，影響你大部分時候的行為反應。因為在人格健康度一般的狀態下，你一定要有一個「主導人格」整合自我。只是隨著各種情境對你的制約不同，也可以說是**你對特定情境的經驗與記憶，會造成某個既定的連鎖反應，讓內在的其他八種人格在特定時刻「被啟動」、「被喚醒」**，原本的主導人格則暫時神隱起來。

　　然而，隨著你的自我覺察能力愈來愈強，愈來愈能夠即時保持心思清明的狀態，能在當下暫時脫離「主導人格」的操控，那麼，特定情境會「召喚」特定人格類型的連鎖反應也會因此變得薄弱。這時你便能夠趁著頭腦的「清明空檔」，趕緊調度出想要使用的九型人格意識力了！

　　九型圖系統的功能之一，並不是鎖定你是哪一型人，而是看見你內在的九種人格意識組成比例為何，據此瞭解自己的各種可能反應。目前除了原本美國九型人格學院的高階題測外，大家還可以透過本書第一部提供的測驗群，從視覺、意識、潛意識等各方面，檢視內在九大人格意識的分布，透過不同的指標做更深入的判讀。

　　然而，若是想要更進一步掌握在人生各個領域中，你習慣使用的人格意識類型，以此作為自我成長、伴侶相處、生涯規畫、人際圓滿、職

場管理等的參考與規畫，那就需要使用「九型意識密碼」。

🌐 九型意識密碼，勾勒出你的人間角色意識譜

　　近代提出「意識譜」（The Spectrum of Consciousness）概念的知名學者肯恩・威爾伯（Ken Wilber），是當代個人成長心理學與意識學的重量級研究者，被譽為意識學研究的愛因斯坦。他把意識比喻成「光譜」，除了以此建構他的研究模型外，同時說明意識的不同層次與向度，呈現他創建的融合了東西方哲學、心理學等的整合學系統。

　　威爾伯的研究認為，心理學、心理治療、東西宗教的每一個學派或是教派，處理的都是內在整體意識的其中一層，所以彼此之間並無衝突或矛盾，而是相輔相成的。

　　我個人也贊同意識是多向度的，而且是由多個層次組成。所以我把這個概念帶進九型圖系統，用來說明**九型意識密碼其實就是人在人生各個領域的意識形態**。可以簡單看作是一個人在愛情、家庭、財富、人際……各方面習慣使用的「反應模式」，也可以說是一個人在人生各種關係裡習慣扮演的角色。

　　九型意識密碼是目前九型圖系統最高維的推演，卻是最落地的實用。你可以把祂視為每個人的總命盤。雖然也是由出生年月日時計算得出，但是因為計算公式繁複，目前我只在個人研究中使用。在此，我僅就個人目前的研究做分享，讓那些對九型圖系統有興趣的朋友，稍微感受一下九型圖的另一個向度。

　　九型意識密碼以人生中的九大領域分界，每一個層區根據計算結果可以得到一個九型數字，代表在該領域層區中，個案習慣以何種人格意

識去應對。

　　九型意識密碼中的九大領域層區分別是：

1. 初始意識層 —— 天性的追求與渴望

2. 家族意識層 —— 直系血親祖先的銘印

3. 靈性意識層 —— 此生轉化的道路

4. 潛意識層 —— 誘惑與陷阱

5. 親密意識層 —— 愛情裡的自己

6. 天賦意識層 —— 擅長與專才

7. 享樂意識層 —— 豐盛的印記

8. 人際意識層 —— 在社會團體中習慣扮演的角色

9. 挑戰意識層 —— 被封印的自己

　　從目前累積個案資料的九型意識密碼中，我發現一個很大的共同點，也是非常有趣的一點，那就是許多人的「潛意識層」設定，往往與「初始意識層」在應對上走相反的風格，或是互相拉扯。

　　舉例來說，個案小黛的「初始意識層」設定為九型數字「七」，但是她的「潛意識層」設定卻是九型數字「二」。明明渴望自由自在、不受拘束、過自己想要的人生，潛意識裡卻仍有處處想與人有牽扯、想迎合他人的念想，可以算是非常拉扯的密碼組合。當這個個案明瞭她內心對於家庭、朋友、人際關係的屈就和眷戀，其實是來自潛意識層的設定時，剎時有種恍然大悟的解脫感！

　　從此，她盡量把自己放在第一位，這麼做並不會讓她成為只想到自己或是自私的人（畢竟她還是有二數的愛與奉獻的驅力），反而因為願意學習放手，讓周圍的人、包括她自己得以自由。與家人和朋友的關係，

也因為收回了她單方面認為的「付出比較多」，而讓彼此回歸沒有包袱的狀態，這樣的關係生態反而能夠走得更長遠。

另一個有趣的現象是，「家族意識層」的設定常常與「親密意識層」的設定，落入某個共同的九型指標下，因而呈現一種特定的連帶關係。

舉例來說，麗麗是我的一位學員，她的家族意識層設定是九型數字「九」，而她的親密意識層設定在九型數字「二」。在九型圖系統中，數字九與二同屬於「愛上後無自我」的組別。

某個層面上來說，麗麗在家族裡習慣以九數的應對方式，維持和諧的內心動機，嚮往和雙親緊密連結的關係，讓她每次談戀愛時，不僅會出現二數的無底限付出，甚至加倍地想與對方「黏在一起」、繞著對方轉、討好順從，即使麗麗的主導人格類型是強悍自我中心的八數——「第八型指揮型」。這也讓麗麗在剛開始接觸九型人格時，總覺得自己在愛情方面沒有八數的強勢，對於自己的人格主導型是第八型感到疑慮。

眾多這樣的案例，似乎也驗證了心理學的一個說法：人容易被與自己雙親相似的人吸引；又或許應該這麼說，人傾向在愛情或是人際關係中，複製與父母的相處模式。

再回到上述麗麗的案例。麗麗的主導人格類型是第八型，但是她的初始意識層卻設定在外在行為反差極大的九型數字「九」。九數是九型圖裡最順流的數字，卻遇上最叛逆的八數！哈哈！其實這樣的例子真的蠻常見的！我只能說，在我們身上發生的一切決非偶然！麗麗的天性想要追求的是九數的安逸順流，但是人格封印卻在八數被卡住，讓她不由自主想要武裝自己，想要對抗周圍的一切。

那麼，我們該如何從人格封印走出來，迎向天性想過的人生呢？

首先，我們得**先認識「意識」的本質與力量，進而拿回九大意識層區的主控權。**

⬣ 你的世界就是你意識的呈現

「我們的心智意識時時刻刻都在做選擇，決定哪些大腦迴路要參與其中。心智所做的每個決定，都會刺激大腦特定的神經傳導路徑，讓它持續成長。因此，我們的心智的確會重塑大腦。……你的想法具有不可思議的力量，科學證實你能創造你想要的事物！」

這段話出自著名的心靈科學家——道森・邱吉（Dawson Church）[3]。他整合了心理學、生物學及物理學等領域的數百份研究，證實人類的念頭、想法、心靈能量等時時刻刻都在創造現實。不僅如此，當一個人愈接近內在真實的自己，他的想法還會影響全世界，甚至是全宇宙萬物的集體意識。

除了「你怎麼想」具有力量外，「你怎麼感覺」，也就是你的情緒，同樣威力強大。或許我們看自己都是一個獨立的、甚至是孤立的個體，但事實上，我們是繁複連結網絡的一部分，透過個體的神經網路與見不到、摸不著的能量場彼此相連著。

因此我們的心智想法與感受情緒，絕非僅存於我們的大腦與身體之內，它們會影響我們周遭的人，只是我們通常意識不到，或是感覺不到這些影響。同樣的，別人的想法與情緒也會在意識層次（包括潛意識或無意識）影響著我們。

比方說，當你的朋友生動描述昨晚聚會時情緒層面的經驗，正在傾聽的你也會同步反映出對方的大腦活動。卓克索大學（Drexel University）的生物醫學工程師與普林斯頓大學（Princeton University）的心理學家合作[4]，研發出穿戴式的大腦造影頭帶，用來測量個體之間如何透過情緒與意識彼此影響，甚至最終將改變存在的實相。

所以，**研究九種情緒驅力與九種心智模式連動關係的九型人格學，當然能夠為「如何使用意識流改變現況」**帶來啟發與貢獻。雖然以往社會科學家的研究架構下，主張我們的人格在生命早期就已經定型，甚至一生都不會改變；但二十多年來的人格教學諮商經驗告訴我，**只要人格健康度往上提升，內在的其他八種人格特質就會被「釋放」出來，而且會以陽光面的特質呈現。**

就算個案本身還未達到真正「人格健康度提升轉化」的層級，他依舊可以透過練習，慢慢學會**跳脫主導人格的意識流，啟用某個特定的、他想使用的人格意識流，創造他想要的狀態。**這個狀態可能是他想擁有某種人格特質，因應某個特定的情境；也可能是他想持續保持某種思想情緒狀態，最終成為某種他想成為的人；又或是他可以不受主導人格的限制，專注在創造某個他想要的實相。

至於意識創造實相的速度，其實與我們的**心腦和諧**程度有關，這也**回歸到九型人格學的精神：我們是否真正看見自己、嘗試瞭解自己、願意接納自己。**

---

3. 參考《科學證實你想的會成真》（*Mind to Matter*）——道森・邱吉著，三采文化。

4. Lim, L. (2017). *Inventor's notes for Vielight "Neuro Alpha" and "Neuro Gamma."* Retrieved September 4, 2017, from http://vielight.com/wp-content/uploads/2017/02/Vielight-Inventors-Notes-for-Neuro-Alpha-and-Neuro-Gamma.pdf.。

02

意識流就是生命之流

◉ 把握永恆的現在，你就掌握了意識的力量

常有學員問我如何才能改變自己的個性，改掉不想要的人格特質，我的回答都是從「活在當下」開始。當今時代對「如何活在此刻當下」有諸多討論與實踐方法，而我則從人格學的角度來探討，也因此激盪出「正念人格學」，提供給想從人格特質進行自我提升與靜心的朋友。

活在當下，在人格心理上意味著「你能否跳脫你所認知的自己」。而你所認知的自己，不僅牽涉到人格機制，也就是你的自我身分認同，其實還包括了你認知中的身體與外在環境，甚至是你根深蒂固相信的時間線。

如果你看不見自己正陷入習慣的自我反應機制，看不見你其實以非

常狹隘的角度在看世界；如果你無法擺脫舊有的思考行為模式，無法超越對目前角色的認同，無法放下對這個身分的記憶，那麼你如何創造一個你想要的狀態，甚至創造一個全新的自己呢？

　　若你感到有些困惑，為何改變自我會牽扯到超越時間、讓意識清空……那麼你也可以從科學的角度來理解：我們的大腦掌管了我們的心智、情緒、潛意識等各種反應機制，而人類至今對這個大腦的認識僅有5％左右，尚有95％的部分人類仍一無所知。所以不妨保持一顆開放的心，**繼續與我一起探究意識吧！**

　　關於這個神祕的大腦，整合神經科學、表觀遺傳學及量子物理等領域的研究者——喬・迪斯本札（Joe Dispenza）在他的系列著作[5]中這麼解釋：

　　「當任何神經組織在大腦或體內被活化時，就會創造出心智。因此從神經學的觀點來理解的話，心智就是行動中的大腦。……當某些事情你已經做過成千上萬次，不論何時，只要你執行其中的任何一件差事，你的大腦就會以某種特定的方式開啟。」

　　日常生活中的開車、刷牙，甚至走路時你會先邁開哪隻腳……都是已經「變成某種特定方式」的習慣；人格機制也是。你的主導人格類型已經「變成某種特定的心智主要回應模組」。心智會帶動情緒與身體的

----

5. 參考《開啟你的驚人天賦》（*Becoming Supernatural*）——喬・迪斯本札著，三采文化。

反應（反之亦然），所以九種主導人格類型，可以反應一個人的心智、情緒、身體等的連帶表現。

　　根本上，我們的大腦就是過去經驗的產物，記錄人生中直到這一刻為止，所有學習與經驗過的一切，歸檔為一套套的大腦迴路程式。每當遇到相同的情境時，某一套特定的大腦迴路程式，就會被抽取出來使用。其中最大的一套，就是你的主導人格類型；其他八種人格類型就像是八個小套，只要剛好被對的指令「勾」了出來，也會不時被拿出來使用。

　　我們大部分的經驗，都是來自與外在環境的互動，一般人只能夠透過「五感——眼耳鼻舌身」感知外在的環境。這意味我們形同被感官綁架了，感官讓我們「感知」到什麼，我們就只能是什麼。所以，當我們能夠主動掌控感官的觸角，比方主動將注意力放在某個感官上，開啟那個感官；或是關掉感官的觸角，進入所謂「空——充滿無限可能」的境界，這就是我之前提到的「跳脫你所認知的自己」的多種方式之一。

　　有了這一層的理解後，要憑藉意識創造一個新的狀態，或是一個新的自己，就不是沒有可能做到的：只要我們學會把握當下的無數個瞬間，透過適當的身心練習，將我們的意識重新對焦，產生心腦和諧的共振。

● 人格慣性將我們鎖在過去

　　當我們想起某件事情、某一段回憶，或是起了某個念頭，在大腦中就會產生某種生化反應，釋放特定的化學訊號，這就是無形的想法形成有形物質的過程。

　　這些化學訊號就像大腦的傳令兵，通知你的身體製造出與你的念頭相符的身體感受或是生理反應。我們的心智與身體是緊密相聯的，一旦

心智覺察到自己正以某種特定的方式在感受，比方疼痛、歡愉、恐懼、希望等，就會製造出更多與感受相符合的念頭，大腦也會配合釋出更多的化學物質，使我們的感受與我們的想法愈來愈一致，最後甚至產生所謂「想法即感受」的狀態。

人格慣性也是依循這個模式建立的，是心智、身體感受、情緒等彼此連結後，又再彼此強化循環後的產物，最後形塑出我們的存在狀態。所以人格慣性將我們鎖在過去；也可以說，我們的存在狀態都是過去式。如果不做出人格意識上的轉變，我們的未來也只能和過去一模一樣。

比方說，一位主導人格類型為「第六型——矛盾型」的人，或是六數特質強的人，由於容易杞人憂天的人格特質，使他比其他八種人格類型更容易陷入擔憂。這意謂著**相對於其他人，他的大腦中關於「恐懼」的迴路很容易被啟動**；時間一久，甚至不需要外在事物刺激，第六型人早已經將恐懼內化成為「自我」的一部分。因此當有非恐懼的感覺出現時，例如一切太順利的快樂輕鬆，第六型的小我人格，就會因為不習慣而感到隱隱的不安。

這就是人格意識的力量。

當我們不斷想著相同的念頭，相當於一次又一次地在大腦中組成並安裝相同的迴路，久而久之便會牢固連結在大腦之中，形成相同的模式。所以古人會說：「江山易改，本性難移。」這是在眾人身上可以看到的事實。

然而，隨著鍛鍊意識力量的方法愈來愈普及，有更多的人親身體驗到轉換意識，的確能夠帶來不一樣的存在狀態，甚至因而改變了外在的實相。在九型人格學理中提到的九大情緒黑洞，其實就可以作為轉換意識的快捷通道。

⬤ 九大人格核心情緒其實是九種動能

在人際關係中使用過九型人格的朋友，應該多少能感受到某一型人的「特殊能量感」，一種無法用言語描繪清楚，但感覺上就是那一型的「味道」。

比方說，當與「第八型──指揮型」的人，或是八數特質高的人相處時，無形中就會有一種壓迫感，即使他並沒有開口對你說話或是有肢體碰觸，但是他的存在、眼神、氣質、肢體動作等，給人的感覺就帶點威脅性，或是一種「這個人看起來不好惹，我還是離他遠一點……」的感覺。

又比如，假使你身邊有一位「第七型──鬼才型」的朋友，或是七數特質強的人，你就無須擔心沉悶感，但你或許得做好「不斷被噪音轟炸」的準備。這個「噪音」可能是他隨便找話題亂聊，也可能是他隨意想到什麼就是什麼的零散焦點。即使第七型人沒有主動找你聊天，他的存在、他忙碌又無目的的潛意識行為與肢體動作，也會讓周圍人的心開始浮動起來。

我們可以把**情緒想像成一種動能**，當一個正在經歷強烈情緒的人走進房間時，我們第一時間能夠感受到的，就是他身上散發出來的情緒能量。為什麼呢？因為他們的情緒能量，散發著某種訊息的強烈信號。

回到科學角度下的大腦結構。當我們起了一個念頭，那些在我們大腦中的神經網路就會產生電荷；而當那些念頭引發某種化學反應，進而產生某種感受情緒後，感受會產生磁荷。熟悉的感受情緒會發出回饋，就會再一次驅動我們的念頭。感受的磁荷與念頭產生的電荷相結合時，會形成一種與你目前的狀態相符合的特定磁場[6]，**這個「特定磁場」在九型人格中，等於每一型人的「能量感覺」**，或是大家常說的屬於那一

型人特有的「fu」。

在傳統的九型人格學理中，將九種經常出現的情緒感受命名為「九大原罪」：憤怒、驕傲、虛假、嫉妒、貪婪、恐懼、貪吃、慾望、怠惰。當自我提升時，原罪就會轉化成「九大美德」：平靜、謙卑、誠實、自在、放下、勇氣、節制、純真、行動。

相信大家可以看出原罪 VS. 美德，一體兩面的相對性。基本上，在九型人格架構下，期望的狀況當然是由負向逐漸轉正向，但是重點仍在於，你是否看清楚自己目前的狀態，因為很多人往往只願意看見他想看見的自己。

老實說，我認為能夠踏出「自我觀察」這一步，就算是解脫一半了！當我們能夠從自己的狀態中抽身出來，代表我們已經開始覺醒。接下來的覺察功課，也必須在已抽身出來的覺醒狀態下，才能夠有效進行。

不同的情緒會產生不同的頻率，由平靜、謙卑、誠實、自在、放下、勇氣、節制、純真、行動等九大美德延伸出來的愛、喜悅、感恩、創造力……正向揚升的情緒，其頻率遠高於由憤怒、驕傲、虛假、嫉妒、貪婪、恐懼、貪吃、慾望、怠惰等九大原罪延伸出來的焦慮、不安、焦躁等帶有壓力的情緒。這是因為**九大原罪與九大美德，分別處於不同層次的意識，自然產生不同層次的能量場**。

---

6. L. Song, G. Schwartz, and L. Russek, "Heart-Focused Attention and Heart-Brain Synchronization : Energetic and Physiological Mechanisms," *Alternative Therapies in Health and Medicine,* vol. 4, no. 5 : p. 44-52, 54-60, 62(1998); D.L. Childre, H. Martin, and D. Beech, *The HeartMathSolution: The Institute of HeartMath's Revolutionary Program for Engaging the Power of the Heart's Intelligence* (San Francisco: HarperSanFrancisco, 1999), p. 33.。

　　因此只要能夠將本身主導人格類型的能量，由負向轉為正向，就能夠將我們不斷向外傳送的電磁波由負轉正，接著我們的存在狀態也就會跟著由負轉正！同理可知，當我們意圖使用某個特定人格意識時，也能夠將我們的存在狀態調頻為我們想要的、那個特定的人格意識場，具有該人格的能量場。

03
善用九大意識流，
創造美好豐盛的生命狀態

◈ 人格是你建構注意力的模式

　　雖然瞭解了意識就是力量，也明白只要能夠掌控意識，就能實現想要的人生，心想事成。但遺憾的是，目前人類使用大腦和神經系統的能力，仍然是有極限的。上天為人類配備了精密高端的人體系統，但是人類還未能夠完全掌握使用方法。

　　我們的腦與神經系統，在特定時間內能處理的資訊實在有限。搶著進入心智意識的事件太多，少部分人或許能夠做到一心多用，但是對大部分的人而言，資訊如果沒有即時被處理，很快便會被新來的事件擠出去。即使有些人似乎同時在做好幾件事，但其實都沒有真正「進入」做事的狀態中。

　　當我們全心做某件事的時候，就很難再專心做好另一件事。比方當失戀時，我們會說那就專心工作吧，工作是很好的療傷方式。因為當我們全神貫注在思考一個問題的時候，就感覺不到悲傷或是快樂。同樣的，當你專心在解數學題目，又如何能夠同時背誦唐詩三百首呢？

　　許多認知科學家都對「意識的極限」做過很多研究，根據現有資料推測，一個人在一秒鐘內能處理的資訊量，大約是 126 位元。當我們要表面上理解另一個人的說話內容，每秒鐘得處理 40 位元的資訊。理論上來說，我們同一時間可以聽三個人說話，但是前提是只有「聽取說話」這個部分，也就是說，我們無法在聽他們講話的同時，還注意到他們的表情、穿著打扮、肢體語言，甚至思量他們說這些話的背後有沒有別的意涵。

　　所以，為什麼「識人學」或「觀人術」從古至今歷久不衰，因為它能夠補強人類意識力的極限。在我的九型人格研究中，也有特別針對每一型人的肢體語言、穿著，甚至聲音等做歸類分析。

　　其實資訊要進入我們的意識有兩個管道，一個是被動透過物質性或是社會性的標示；另一個則是主動去注意，也就是把我們的注意力集中在它上面。當然，無論資訊如何進入我們的意識，我們仍然受到意識的限制，只能夠從資訊海中挑選「我們認為」值得關切，或是引起我們注意的幾個位元，接著再從記憶庫中提取相關的參考資料，並在評估整個事件後，做出最後的決定。

　　注意力就像是探照燈，它可以決定哪些事件被允許出現在意識中。同時我們也需要注意力，協助完成發生在意識裡的其他心智活動，例如：抽取記憶資料、思考、感覺、做決定……從長年的人格教學經驗中，我發現有些人格類型的人，比較能夠長時間集中使用注意力，有些人格類型的人則擅長做短時間的聚焦。也因為這項特質，讓不同人格類型的人

擅長不同的領域。所以，人格特質與所謂的天賦就有一定的相關性。

　　從人格學的角度來看，注意力更像一股精神能量，不僅是因為我們得運用注意力，才能完成或是創造某件事，更是因為**每一種人格類型的人，都有其獨特控制與支配這股力量的方式**。此外，注意力會被無意識浪費或是耗盡，但也可以透過適合每種人格類型的方法，讓注意力「秒復活」。

　　在某個領域中有成就的人士，絕大多數都懂得如何有效運用他的注意力，專注在他最想要的意識上，創造出他想要的結果。也就是說，懂得掌控意識的人，必定具有隨時可以集中注意力的能力。

　　在九型人格裡，我發現的確有某幾型的人，因為人格特質的關係，比其他人容易建立意識上的自制與秩序，可以高度集中注意力，全神貫注，不受其他事物干擾，最終達成個人目標。在此我舉兩個人格類型的故事：第一型與第五型。他們兩位是夫妻，兩人在意識場上的力量都非常強大，只是一位外顯度高，另一位則是「條件具備時才會顯現」。他們都有自己的事業版圖，也都很懂得享受人生的美好。

　　首先我們先來認識太太 H，她是「第一型：正確主義型」，她也的確有第一型如梅花般的堅忍人生。從小家境困苦讓她懂得把握時間創造價值，甘願犧牲玩樂和睡眠，全身心投入工作，短短幾年就創立了自己的品牌。

　　除了忙碌於公司的事業，H 也熱衷公益，當然免不了有和政治界接觸的機會。但是她極度不喜歡花時間在交誼應酬上，也盡量避免例行性質的事務，她認為那些都是耗費心力與能量的垃圾活動。所以，下班後的應酬不會超過七點半——H 的生活非常有規律。

　　儘管行程滿檔，H 卻總是精神飽滿。只要一得空，就算只有十五分鐘，也能馬上切斷所有思緒，小睡片刻。她最愛的充電活動是與大自然

對話。家中花園是她晨起充電的最佳場所，為了跟她心愛的樹木、花朵、小草一起迎接日出，她每天五點就準時起床。H 沒有特別的運動習慣，她笑說，每天跟太陽公公打招呼，站在陽光下洗滌身心，就是最好的運動了。

看著這位優良的健康寶寶，很難想像在數年前，她曾經被診斷出罕見疾病。意識強大如她，最後戰勝了病魔，找回健康。大病痊癒後的她，更是一分鐘都不想浪費，只是相較於過去全身心投入事業，現在的她每週會撥出許多時間在自己熱愛的事情上——編織。朋友們都沒想到，這位叱吒商場的女強人，最開心的時候，居然是坐在花園裡親手編織可愛小物。

H 現在仍然經常至世界各地開會，一有空檔就會去逛當地的民俗市集或是美術館、博物館，尋找編織靈感。跟她一起出差的員工們也不能偷懶，她希望他們也要有一番異地學習，才不枉此行，所以她會在返國的航程中，請大家分享彼此的體驗。

而 H 的先生——M，是「第五型：觀察型」，兩人在思考調性上很像，都非常冷靜理智，也都擁有超越常人的意志力與專注力。只是，比起行動力超強、個性也很急的 H，M 則顯得「靜態」許多，不多話又謙虛待人，讓我一度懷疑 M 是一位第九型溫和型的人。

M 在大學裡教書，而且是一門非常冷僻的學問。M 的大腦總是不停地運轉，觀察力超級強。雖然他看起來經常謙虛自若，但是當他和你說話時，雙眼卻炯炯有神、異常專注。有時候對方的話還沒說完，他的腦海裡就已經跑出三、四個見解或是分析，且最後給出的結論往往讓人拍案佩服，完全想不到一個看起來這麼低調的人，居然藏了如此深刻細緻的觀察與完美的邏輯推演！很多人在與 M 談話後，都對他專注清晰的能量感，和聲音裡一種說不出來的力量，感到印象深刻。

不過，M 有讓 H 受不了的一點，那就是 M 執著於「分析」這件事。在 H 看起來理所當然的小事，或是微不足道、根本不值得探究的瑣事，也可以讓 M 再三思索，一定要找到背後的原因，或是一個合理的解釋才會罷手。

其實，**九種人格類型，就是九種使用注意力的方式**。比方「第三型：社交型」的人非常專注於目標與結果，他們習慣把注意力放在「成功」、「自我價值」之上。而「第七型：鬼才型」的人，則非常專注在享受與快樂等感覺及事物上，相對於那些注意力比較容易集中的人格類型，第七型是屬於比較散焦的類型。

一個人的人格健康度，也會影響他使用注意力的品質。例如一位人格健康度欠佳的「第七型：鬼才型」，他的注意力不僅是散焦式，甚至會為了逃避痛苦，把注意力聚焦在看似能短暫消除痛苦，卻帶來長遠傷害的低層次事物上：酗酒、吸毒……。

每個人的內在都有九大人格特質，意謂著我們其實擁有很多種支配注意力的方式，只是我們是否有看見自我內在的綜合人格力，是否懂得如何取用，以及是否將注意力運用在較高層次的事物上，讓我們的生活更加豐富。

● 九種逆流與順流的存在狀態

你的注意力在哪裡，你的能量就會在那裡。

如果你每天思考、感覺、認知的方式與對象都是相同的，那麼你只會不斷重複，然後強化相同的人生。因為你使用的大腦迴路就是那麼幾組，甚至當大腦迴路已經根深蒂固時，只要外界有相對應的刺激，觸動

了這幾組大腦迴路，你馬上就會自動順著大腦迴路完成動作。

換句話說，這時也無所謂「人格影響」了，掌控你的是那些外界事件。和大腦迴路有對應的事件，你自然就會有反應；當有新的事件與刺激進來，你反而會感到不舒服所以想逃避或是拒絕。

同時，因為是根據外界刺激而起反應，你的所有注意力都會向外，代表能量也是向外發散的。你的注意力將會專注在找到「你想要的」、「愉快的記憶」，同時也會找到那些「你不想要的」、「不愉快的記憶」，來反覆提醒自己要小心避開。

總之，**只要是在記憶中存在的，都會引發你的注意。這其實代表你的身心正進入一種「求生模式」**，壓力自然會產生。

所以我一直強調，**學習九型人格的終極目的之一，是要開啟你內在的九種人格力，而非把自己侷限在你的主導人格類型裡**。主導人格類型的價值，在於讓你掌握自己大部分時候的心理慣性與行為動機。雖然主導人格的特質群，可以判斷你可能比其他人擅長的事，但是它也會成為一種侷限。

如果現階段的你，想要對自己的生活做出改變，想要體驗一個全新的人生，又或是你想要改變自己，甚至想探索看看自己還有哪些可能性，那麼你可以嘗試體驗每一種人格力匯集產生的意識流，相信你會和我一樣愛上「每天都是新的自己」——我取名為「九型角色扮演遊戲」！有興趣嘗試的朋友，也歡迎關注我的社群平台，我們不時會舉辦「練練人格力」等相關活動。

接下來，我會介紹九種人格類型的逆流警訊與順流意識，提供大家作為日常中觀察人格力流動的參考。

【第一型／正確主義型】

★ 注意力投放的焦點：追求完美；使命感；責任義務；是非對錯……

逆流警訊：當你出現下列情況時，表示你正卡在第一型的低維度意識形態中
● 不考慮個人差異性，對他人挑剔與批評
● 過度強調個人責任感
● 嚴格堅持某個立場，甚至產生強迫性的思維或行動
● 狂怒，無法容忍和譴責；出現懲罰自我或他人的心理

順流意識：當你希望自己擁有獨立自主、自律負責、誠實公正不退縮的特質時，你可以練習進入第一型的高維度意識流
● 清楚的處事原則，但保留因地制宜的彈性；一視同仁公平對待，但保留個別差異性的空間
● 不受個人利益的驅使
● 讓自己先成為自己想要的改變，以此說服他人
● 相信一切本自完美

■▶【第一型的故事】——婕予老師
　　小於是一個認真負責、對自己要求很高的人，無論是在職場還是家庭，她都希望自己可以做得很好。因為家庭需要，她離開職場專心照顧家裡，每天煮飯、督促小孩的課業、整理家

裡的環境，直到小孩長大離開家，到外地讀書工作後，她開始覺得生活失去重心，家中除了她就是每天在外工作的先生。壓力與焦慮使她愈來愈尖銳，只要有人犯錯就會被她嚴厲批評。後來在家人的勸說下，她去學了一直想要學的繪畫和書法，也接觸了一些自我身心轉換的知識，讓她找回了成就感與自信心，變得更幽默也更好相處。

【第二型／服務型】

★ **注意力投放的焦點：奉獻；人際關係；取悅眾人；期待的回應……**

逆流警訊：當你出現下列情況時，表示你正卡在第二型的低維度意識形態中

● 自認對別人是非常重要的情感與支持來源
● 特別想要得到某個人的回饋或是情感分享而不斷付出
● 情緒勒索
● 以失控的方式釋放情緒，甚至產生攻擊行為

順流意識：當你希望自己擁有慷慨體貼、活潑良善、感同身受的溝通能力特質時，你可以練習進入第二型的高維度意識流

● 無私；跳脫付出與回報的意識形態
● 跳脫別人的評價
● 和所關心的人一起享受生活
● 相信一切本質是愛

■▶【第二型的故事】──婕予老師

　　小玉是一個熱心的人，平時很照顧身邊的同事，不時會請大家喝飲料，旅遊回來也會帶伴手禮給大家；工作上遇到什麼困難也都很幫忙，還會給犯錯的同事加油打氣。但是讓大家都受不了的一點是，她常常會不自覺給予同事們建議，只是這些建議，都是在她自己想像的狀態下，自以為對對方好的建議，所以時常讓同事們感覺很難受，久而久之就變得有些疏遠她。

　　而她也敏感地察覺到被同事疏遠，進而更努力地想要幫忙，壓抑的不滿也隨之浮現：我對你們這麼好，你們怎麼可以這樣呢？後來她看到挹芬老師在書中寫到，心情不好時可以寫日記抒發情緒，讓心情變好，就嘗試寫日記記錄生活，也在這個過程舒緩了她的焦慮。

【第三型／社交型】

★ 注意力投放的焦點：形象；成功；財富；與他人的比較……

逆流警訊：當你出現下列情況時，表示你正卡在第三型的低維度意識形態中

● 競爭心；自我膨脹與炫耀

● 缺乏情感；內心空虛

● 虛假的自我形象；欺騙

● 投機

順流意識：當你希望自己擁有自信積極、精明效率、適應力強且充滿鬥志的特質時，你可以練習進入第三型的高維度意識流

● 投資自己；讓自己發光發熱

● 充分運用自己的專長或天賦全力幫助他人

● 以自己的奮鬥或故事去激勵他人

● 相信一切本自珍貴

▶【第三型的故事】──婕予老師

　　小偉是一個有條理、效率高、有自信、做事積極，捨得花錢投資自己，在專業領域精益求精，並朝自己的目標積極努力的人。看到努力積極的小偉，身邊的人也都被激起了鬥志。公司新進的員工中，有一位能力也非常好的同事，在幾次的業績評比中，小偉的成績還輸給了對方，這讓小偉有很強烈的危機感，他開始更努力，因為不想再輸給對方。

　　幾次的失敗之後，小偉開始覺得大家的欣賞跟欣羨轉向了新來的同事，讓他感到很大的壓力與挫折，強烈的恐懼下，小偉用匿名的方式想要暗中中傷對方，誇大自己之前的戰績。他不想承認自己的失敗，開始自欺欺人、否認問題，逃避失敗的挫折感，變得自暴自棄。但因為內心對成功的嚮往與渴望，他知道這樣下去是不行的，於是開始閱讀一些成功人士如何調整壓力之類的書籍，希望自己能夠脫胎換骨、轉敗為勝。

【第四型／多感型】

★ 注意力投放的焦點：自我探究；自己與別人的不同處；能夠引發感情的人事物；自我幻象……

逆流警訊：當你出現下列情況時，表示你正卡在第四型的低維度意識形態中

- 疏離感與壓抑感
- 依賴特定對象，沒有其他人際關係。
- 極端的情緒波動與敏感
- 自殘

順流意識：當你希望自己擁有敏感真誠、感受深層、勇敢如實表達自我風格的特質時，你可以練習進入第四型的高維度意識流

- 找到自己的風格
- 自我蛻變；允許自己不斷演化
- 往內心深處走去，發現不同層次的自己
- 相信一切本自美好

▶【第四型的故事】——瓶子老師

　　小靜是一個很有自己想法與風格的人，第四型的她，常讓人覺得高傲又難以親近。小靜常會幻想自己被朋友們包圍，大家都喜歡她，與她分享所有心事。但小靜也很矛盾，害怕自己

成為強出頭的人，害怕別人在私下非議她。明芳，個性活潑又熱心，從見到小靜的那一刻起，就崇拜小靜散發的自信與神祕感，儘管小靜一直保持距離，但明芳還是追隨並模仿小靜的生活模式與喜好。

小靜看似高傲但又渴望與人連結，面對明芳的殷殷關切，最後也將自己的心完全交予。一開始兩人十分要好，甚至每天交換日記，在日記裡小靜向明芳傾吐自己所有的心事，明芳也給予支持並表達自己多麼喜歡小靜，更不時分享許多自己喜愛的東西。那段時間裡，小靜的人際重心只有明芳，她只想與明芳相處及交心。

對於小靜的依賴與佔有，明芳逐漸感到壓力，開始會找理由逃離……明芳對小靜說：「妳是我的好朋友，我喜歡和妳說心事，但是我也有其他朋友啊。」對明芳而言小靜是好友之一，但小靜卻希望自己是明芳的唯一。

從明芳一次次的逃離與疏遠，讓小靜的情緒起伏動盪，開始懷疑自己是不是做錯什麼；又或是明芳喜歡什麼，就變本加厲地討好明芳。這些舉動只讓明芳愈來愈遠，小靜不知道怎麼挽回兩人的友誼，開始讓自己沉溺在悲觀的情緒中，很多不好的念頭一直湧出，不吃不喝傷害自己，甚至自殘，小靜覺得自己不值得被愛，也不知道如何與人相處。

【第五型／觀察型】

★ **注意力投放的焦點：環境或大局勢；新知與未知的領域；過濾資訊；人性闇黑……**

逆流警訊：當你出現下列情況時，表示你正卡在第五型的低維度意識形態中

● 自我孤立；不在意社交
● 忽視起居作息與身體健康
● 認知扭曲；臆想
● 談論自殺等黑暗議題

順流意識：當你希望自己擁有專注觀察、洞察遠見、冷靜內斂的特質時，你可以練習進入第五型的高維度意識流

● 保持好奇與開放的心；童心
● 看清細節；多方求證
● 站在神的高度，幽默以對
● 相信一切本自具足

▶ 【第五型的故事】——婕予老師

　　阿秀是一個安靜低調、喜歡獨處、看書的人，在學校念書和做研究都獨來獨往。因為她專注力高、仔細，做研究的時候成功率也高，當有新的學弟、學妹來到研究室時，教授就會讓

她教學弟妹做研究，她想著教學弟妹的同時也能瞭解自己的不足之處，所以就答應了，沒想到接下來每年的新學弟妹都是她來教。雖然這讓她不太高興，但是她也沒有抱怨，不厭其煩地教導，只是在空閒的時候，會去爬山舒緩壓力。

　　直到快畢業時，教授因為她在研究室的表現很好，研究項目進展快，學弟妹也都教得很好，想要扣下她的論文，讓她多待幾年，她真的覺得再這樣下去不行，直接跟教授說要換實驗室，教授擔心對名聲有不好的影響，最後才讓她順利畢業。在確定畢業之後，她就安排了一次去爬山、騎腳踏車的旅行。

【第六型／矛盾型】

★ **注意力投放的焦點：潛在問題；忠誠度；敵意；那些檯面下的事⋯⋯**

逆流警訊：當你出現下列情況時，表示你正卡在第六型的低維度意識形態中

- 持續抱怨但又不採取實質行動
- 疑心
- 擔心失去他人或團體的支持；依賴與對抗交替出現
- 過度的焦慮與恐懼

順流意識：當你希望自己擁有團隊合作、友善親和的特質，並且忠誠守護支持的團體或組織時，你可以練習進入第六型的高維度意識流

- 信守承諾；願意合作；樂於服務
- 相信自己的力量
- 聚焦在自己的信念上
- 相信一切本自有因

> ■▶【第六型的故事】──婕予老師
>
> 　　小顏為人友善親切、可信可靠，在團隊中配合度高、好商量，有一次他把工作資料交給副理後，就聽到副理找自己的組長到休息室抽菸，他頓時覺得是不是自己剛剛給副理的資料有問題，所以副理才帶組長出去說話。在主管們抽菸的這十分鐘，他腦袋裡閃過非常多的念頭，都是在想自己的工作是不是有問題、最近的表現是不是不好等等，等組長回來後，他還在思考如何從旁側擊，問出剛剛他們到底討論了什麼。還好後來聽到組長和其他單位的同事聊天，才知道原來他們是在談關於另外一件案子的事情，終於鬆了一口氣。

【第七型／鬼才型】

★ **注意力投放的焦點：有趣；新奇；活力感；感官享樂……**

逆流警訊：當你出現下列情況時，表示你正卡在第七型的低維度意識形態中
- 想要更多；不容易滿足

- 喜新厭舊；囫圇吞棗、不選擇
- 自我放縱；上癮
- 恐慌；躁動

順流意識：當你希望自己擁有樂觀開朗、幽默辯才、勇於夢想的特質，並展現自信與迷倒眾生的魅力時，你可以練習進入第七型的高維度意識流

- 全然地擁抱生命；一切都是造物者的禮物
- 開心工作；開心生活
- 卯足全力；實現夢想
- 相信一切本自豐盛

▶【第七型的故事】──婕予老師

　　小君的個性活潑開朗，喜歡熱鬧、喜歡玩，是一個有活力、幽默有趣的人。一次在工作上和同事協調事情，同事卻在關鍵時刻掉鍊子，讓他收拾殘局。偏偏主管沒有搞清楚狀況就對小君一頓謾罵，要他改方案，最後卻又要他改回去，讓他很難處理問題。

　　幾次的經驗讓小君真的覺得非常疲憊，回家後因為情緒壓力，都不想處理家事，認為自己已經很累了，因此與家人也鬧得不高興。好不容易總算把案子做完了，小君立刻就去預訂自己想吃但是價格偏高的餐廳，因為美食能夠撫慰他的心靈，讓他恢復活力，又有力氣去面對工作，與家人的緊張感也會暫時和緩下來。

【第八型／指揮型】

★ 注意力投放的焦點：個人意志；挑戰；權力；慾望……

逆流警訊：當你出現下列情況時，表示你正卡在第八型的低維度意識形態中

● 自我膨脹；否認脆弱
● 總覺得被「自己人」出賣或背叛
● 叛逆；認為沒有什麼可以箝制他
● 報復的心態；暴力反擊

順流意識：當你希望自己擁有堅定意志力、強悍自信、實際直接的特質，並展現追求公平正義、勇於保護弱小的精神時，你可以練習進入第八型的高維度意識流

● 如赤子般簡單無私的真性情
● 大度慷慨、為眾人謀福的領導者
● 挺身而出；盡一切保護應該保護的人
● 相信一切本性自然

▶【第八型的故事】──婕予老師

小松是一個很要強、不服輸、海派、喜歡挑戰自己的人，朋友也欣賞他這樣有話直說，相處起來直接的個性，雖然脾氣暴躁常生氣，好在他也氣不久，情緒來得快去得也快，不會放在心上。

但是大家都受不了的是，小松完全不能餓肚子，有一次大家臨時起意在晚上聚會，所以沒有事先訂位，到了現場人真的很多，至少要排隊半小時，小松到場臉直接黑掉，開始罵是誰選的餐廳、人這麼多是要吃什麼、會不會選餐廳……當場所有人都傻眼了，最後大家只能用最快的速度找到另一間店，不用排隊就可以進去，一吃飽後，小松就恢復正常，彷彿剛才暴躁到不行的人不是他一樣。

【第九型／溫和型】

★ **注意力投放的焦點：內心的和諧與平靜；保持平凡低調；避免衝突……**

逆流警訊：當你出現下列情況時，表示你正卡在第九型的低維度意識形態中

● 把重心擺在與他人的人際關係上，透過與他人的關係來界定自己是誰
● 消極抵抗，不肯說明溝通
● 逃避現實；否認健康、財務或其他個人問題
● 依賴他人；讓他人佔便宜也不願離開

順流意識：當你希望自己擁有包容親切、穩如泰山、怡然自得的特質，並與人相處和諧愉快時，你可以練習進入第九型的高維度意識流

- 尊重別人；懂得放手讓別人順其自然展現自我
- 包容各種觀點，並找出其中相同處予以融合
- 渴望保持與整個宇宙融為一體的感覺
- 相信一切本自完整

▶【第九型的故事】——婕予老師

　　小丁是一個溫和低調、討厭衝突的人，他不擅長拒絕別人，每當有人找他幫忙的時候，總是不知道如何拒絕，所以常常做很多額外的工作。在無法拒絕他人，但自己又不是真心想要幫忙的情況下，小丁會開始拖延，導致那些找小丁幫忙的人也覺得不愉快，便去催促小丁，反讓小丁也不高興，內心抱怨對方乾脆自己做啊！但因為小丁並不想和對方撕破臉，於是拖延得更兇，也開始懷疑對方是不是故意找自己麻煩？

　　小丁愈想愈覺得委屈，便在一次與友人的散步聊天中抱怨起來，友人教小丁以後遇到找他幫忙的人，不妨直接和對方說自己手邊事情也很多，要等手邊事情做完才能夠幫忙，如果對方趕時間的話，還是請對方自己處理免得耽誤到進度。小丁聽完友人的建議後感到如釋重負，雖然他沒把握能如此理直氣壯地說出婉轉拒絕他人的話，但至少自己目前的苦處有人能理解了。

● 轉動人格習氣之流的方向，讓人生大翻篇

> 「看見人格慣性——轉念；
>
> 改變人格慣性——轉運；
>
> 善用人格慣性——轉緣。」
>
> ——胡挹芬

　　在量子物理學中，有一個現象稱為「量子翻轉」，意思是原子可以立刻改變方向，不必像其他物質必須先減速。小時候在夜市或是遊樂場常見的「打彈珠」，是透過彈簧的力量，將彈珠彈往遊戲面板的上方。在線性物理學的認知中，這顆彈珠上坡之後會慢下來，直到短暫地幾乎完全停速後，便會開始加速下滑。但是在量子物理學的情境中，這顆彈珠上坡之後是可以直接下坡的，完全不需要慢到幾乎停下來。

　　從量子物理學的視角，這顆彈珠在上到頂端的那一瞬間，幾乎是同時間往兩個方向進行，它不需要慢下來轉向，而是瞬間就可以直接翻轉到新的方向[7]！正是如此！**原子可以在兩個動能相同的狀態之間來回跳躍。你的意識也是！所謂「一念天堂，一念地獄」，就看你往哪一個方向投放你的意識，而「轉」念就在一瞬間。**

　　無意識時的「念」幾乎都來自人格慣性，它就像內在的干擾機制，總在拉扯我們的靈魂與真我，讓我們被恐懼、憤怒、嫉妒、渴求滿足、追求快樂等的感覺習慣箝制。人格慣性好比強力膠水，將我們的心緊緊封印住，可惜的是，我們卻渾然不覺，以為是我們的心在做決定，殊不知其實那都是人格在追求能夠滿足它的選擇。

　　例如，九型圖上的一數：「第一型——正確主義型」特質高的人，無論如何也要把某個「他堅信」的教條信念貫徹到底，就算與周圍的人

決裂也在所不惜。他認為自己是在打一場「聖戰」,應該要「忠於自我理念」而義無反顧。強烈的「是非二元」人格慣性,讓第一型特質高的人看不見「別人也有自己的理念,別人也有堅持自我理念的自由」。

我常向身邊的第一型人開玩笑說:「別人也有權選擇不要那麼『正確』地活著,好嗎?」當然,換來的是第一型人的一頓白眼,哈哈!

想要打破人格慣性,第一步就是要能夠「轉」。最好時常保持覺察,不讓人格特質固化僵硬成為慣性。因此,我將「轉動與螺旋上升」帶入九型人格系列課程的設計中。除了在課程教授、公式操作等方面,學員的學習過程也是以「轉動」作為主軸:

Step 1:看見人格習氣,學會如何轉變意念,改變目前的心態,將自己轉向想要的心境。

Step 2:改變人格習氣,學習運用九型意識流,創造自己想要的身心狀態,轉變命運。

Step 3:善用人格習氣,看懂周遭人的喜怒哀樂與相處加分之道,圓滿今生的世間緣分。

Step 4:啟動轉化螺旋,人格力煉金,活出生而為人的無限寬廣。

當初帶給我這些教學設計啟發的是佛教中的「卍」字。我認為,這個符號就是佛陀為開啟人類探索宇宙奧祕的鑰匙!此外,「卍」字也是一個神聖幾何圖形,深觀之下,更是一座正在旋轉的光壇城、曼荼羅。

---

7. 參考《能量七密碼》(*The Energy Codes*)──p.53,蘇‧莫特(Sue Morter)著,方智。

九型圖本身原來也就有和「卍」字相通的意涵：萬事萬物皆是不斷在改變，甚至持續螺旋迴轉升降的宇宙法則！

● 九大人格意識流，開啟你的腦內革命

發生在世界上的事，也許無法盡如人意，但是發生在我們內在的體驗與感受，是自身可以控制的，因為，不論我們感受到的是開心或是不開心，都是心智自己定義與製造出來的感受。九種人格類型都有屬於自己內在的「感受製造機」，甚至可以說，**九種人格類型就是九種情緒驅力的「製造生產模組」，由此生產出每一種人格類型的「情緒感受包」**。

比方說，「第二型——服務型」最常產生的情緒驅力就是「驕傲心」：「我比別人都勇於付出」、「我比別人都瞭解你」、「沒有我你們怎麼辦」……以上這些感受思維，會誘發第二型人採取種種符合情緒驅力的行動。

如果第二型人沒有覺察到自己行動的背後，其實並不如自己以為的那麼無私，這時便會生出第二型的「情緒感受包」：「我都是為了你好，你卻不以為然！真不識好人心」、「我付出這麼多卻被別人視為理所當然」、「我被辜負了」……。這個「情緒感受包」會讓第二型把注意力放在委屈與不平的感受上，浪費了寶貴的精神能量。

當我們的注意力被放在負面的感受與情緒時，身體便會釋出壓力賀爾蒙動員大量的能量去因應，形成內耗。一旦發生這種情況，我們的身體便會失衡；時間一久，累積的負面感受也會導致心理失調。

傳統九型人格理論中提到的九大原罪的概念，從我多年的諮商經驗來理解，其實就是九種人的「**情緒癮頭**」。每一型人需要藉著特定的情

緒（原罪），界定或是感受到自己是誰。例如，「第二型——服務型」特質高的人，傾向找「需要被幫助者」強化「自己能給予」的癮頭。而「第三型——社交型」或「第八型——指揮型」特質高的人，很喜歡找「假想敵」來擊敗，因為「假想敵」可以強化他們對「競爭」或是「征服」的癮頭。

　　「第四型——多感型」或「第九型——溫和型」特質高的人，就會執著於前任或是往事，由此強化自己對「悔恨」或「沉溺過去」的癮頭。「第一型——正確主義型」或「第六型——矛盾型」特質高的人，經常會執著於規則，由此強化自己對「責任義務」的癮頭。「第五型——觀察型」或「第七型——鬼才型」特質高的人，則會執著於「創新」，由此強化自己對「聰明」的癮頭。

　　當然，九型人格並非要大家變得完全不再有情緒與感受，而是要協助大家看見，**自己正在將精神能量耗費在哪些低層次的情緒驅力上**，接著，我們就能夠收回那些被情緒驅力散發出去的能量（注意力），**學習將能量改放在我們想要的、高層次的感受與存在狀態上**。

　　隨著人格反應層次的提升，我們的注意力開始重新聚焦，大腦就會重整創造一組新的意識迴路，腦內革命也就自此展開！此時，我們便已來到進入內在高維智慧的入口，開啟生而為人的無限寬廣，創造美好豐盛的生命狀態！

補 記

學會放手，讓生命來共振我

　　我始終覺得，這本書在等我，祂像是一位長者，站在不遠處看著我，每當我對生命有了一點體悟，祂會鼓勵似地讓我突然想通這本書的一些內容，使我能順利完成目前版本的修改。

　　本書的初稿早在 2021 年初就大抵完成了，但是，在我心裡一直沒有「就是這樣！」的確定感，回想那時因為狗兒子去了天堂，我療傷似地把自己塞進寫書的工作裡，後來，母親也離開了，雖然我又經歷一次能量崩裂，但在重新整合自己的同時，這本書也奇妙地完整了。

　　在此，我要感謝一路在我身邊的守護者們：無敵的大姊小妹、照料我健康的黃醫師、啟發我的釋一吉大阿闍黎、如天使一般的雙生火焰，謝謝你們！

我也要感謝本學院的四位老師——婕予、聆靈、Astred 和瓶子，不僅協助書寫個案故事，也成為志同道合一起推廣九型的伙伴。

感謝出版社編輯群的耐心協助，感謝 Jane 總是盡心完成我的託付，感謝我所有的家人朋友們，感謝助我圓九型夢的 L 與 Y，感謝宇宙。

愛你們！

E！Ha～

挹芬

2024／5／1

FUTURE 060

九型心光密碼 從九型人格出發，進入九型圖量子域，突破習氣，直達內在神聖本我
The Enneagram Codes

作者——胡挹芬
責任編輯——鄭依婷
版權——吳亭儀、江欣瑜、游晨瑋
行銷業務——周佑潔、賴玉嵐、林詩富、吳藝佳、吳淑華

總編輯——何宜珍
總經理——彭之琬
事業群總經理——黃淑貞
發行人——何飛鵬
法律顧問——元禾法律事務所 王子文律師

出版——商周出版
　　　115台北市南港區昆陽街16號4樓
　　　電話：(02) 2500-7008　傳真：(02) 2500-7579
　　　E-mail：bwp.service@cite.com.tw
　　　Blog：http://bwp25007008.pixnet.net./blog
發行——英屬蓋曼群島商家庭傳媒股份有限公司城邦分公司
　　　115台北市南港區昆陽街16號8樓
　　　書虫客服專線：(02) 2500-7718、(02) 2500-7719
　　　服務時間：週一至週五上午09:30-12:00；下午13:30-17:00
　　　24小時傳真專線：(02) 2500-1990；(02) 2500-1991
　　　劃撥帳號：19863813　戶名：書虫股份有限公司
　　　讀者服務信箱：service@readingclub.com.tw
　　　城邦讀書花園：www.cite.com.tw
香港發行所——城邦(香港)出版集團有限公司
　　　香港九龍土瓜灣土瓜灣道86號順聯工業大廈6樓A室
　　　電話：(852) 2508-6231　傳真：(852) 2578-9337
　　　E-mail：hkcite@biznetvigator.com
馬新發行所——城邦(馬新)出版集團 Cite (M) Sdn Bhd
　　　41, Jalan Radin Anum, Bandar Baru Sri Petaling,
　　　57000 Kuala Lumpur, Malaysia.
　　　電話：(603) 9056-3833　傳真：(603) 9057-6622
　　　E-mail：services@cite.my

封面設計——COPY
內頁編排——COPY
印刷——卡樂彩色製版有限公司
經銷商——聯合發行股份有限公司 電話：(02) 2917-8022　傳真：(02) 2911-0053

2024年09月19日初版

定價480元　Printed in Taiwan　著作權所有，翻印必究　　城邦讀書花園 www.cite.com.tw
ISBN 978-626-390-199-5
ISBN 978-626-390-197-1 (EPUB)

國家圖書館出版品預行編目(CIP)資料

九型心光密碼：從九型人格出發，進入九型量子域，突破習氣，直達內在神聖本我/胡挹芬著.
-- 初版. -- 臺北市：商周出版：英屬蓋曼群島商家庭傳媒股份有限公司城邦分公司發行, 2024.09
264面；17x23公分. --（Future；60）ISBN 978-626-390-199-5（平裝）
1.CST：人格心理學 2.CST：人格特質 3.CST：潛意識 173.75 113009178

| 廣 告 回 函 |
| 北 區 郵 政 管 理 登 記 證 |
| 台 北 廣 字 第 ０ ０ ０ ７ ９ １ 號 |
| 郵 資 已 付，免 貼 郵 票 |

115 台北市南港區昆陽街 16 號 4 樓
英屬蓋曼群島商家庭傳媒股份有限公司
城邦分公司

請沿虛線對摺，謝謝！

| 書號： BF6060 | 書名： 九型心光密碼 | 編碼： |

 商周出版

讀者回函卡

感謝您購買我們出版的書籍！請費心填寫此回函卡，我們將不定期寄上城邦集團最新的出版訊息。

線上版讀者回函

姓名：_____ 性別：☐男 ☐女

生日：西元_____年_____月_____日

地址：_____

聯絡電話：_____ 傳真：_____

E-mail：

學歷：☐ 1. 小學 ☐ 2. 國中 ☐ 3. 高中 ☐ 4. 大學 ☐ 5. 研究所以上

職業：☐ 1. 學生 ☐ 2. 軍公教 ☐ 3. 服務 ☐ 4. 金融 ☐ 5. 製造 ☐ 6. 資訊

☐ 7. 傳播 ☐ 8. 自由業 ☐ 9. 農漁牧 ☐ 10. 家管 ☐ 11. 退休

☐ 12. 其他_____

您從何種方式得知本書消息？

☐ 1. 書店 ☐ 2. 網路 ☐ 3. 報紙 ☐ 4. 雜誌 ☐ 5. 廣播 ☐ 6. 電視

☐ 7. 親友推薦 ☐ 8. 其他_____

您通常以何種方式購書？

☐ 1. 書店 ☐ 2. 網路 ☐ 3. 傳真訂購 ☐ 4. 郵局劃撥 ☐ 5. 其他_____

您喜歡閱讀那些類別的書籍？

☐ 1. 財經商業 ☐ 2. 自然科學 ☐ 3. 歷史 ☐ 4. 法律 ☐ 5. 文學

☐ 6. 休閒旅遊 ☐ 7. 小說 ☐ 8. 人物傳記 ☐ 9. 生活、勵志 ☐ 10. 其他

對我們的建議：_____

_____

_____